Mathias Voelchert

Zum Frieden braucht es zwei,
zum Krieg reicht einer

Mathias Voelchert

Zum Frieden braucht es *zwei,* zum Krieg reicht *einer*

Wie Paare Konflikte in Liebe lösen

Kösel

Verlagsgruppe Random House FSC © N001967

Copyright © 2016 Kösel-Verlag, München,
in der Verlagsgruppe Random House GmbH,
Neumarkter Str. 28, 81673 München
Umschlag: Weiss Werkstatt, München
Umschlagmotiv: plainpicture / Joern Rynio
Redaktion: Susanne Lötscher
Bildredaktion: Annette Mayer
Layout und Satz: Nadine Clemens, München
Druck und Bindung: Print Consult, München
Printed in Slovakia
ISBN 978-3-466-34620-2
www.koesel.de

Dieses Buch ist auch als E-Book erhältlich.

*Für
Anna und Johannes*

Inhalt

Vorwort   11

Nähe und Distanz 19
Verbundenheit, aber auch Freiheit ist wichtig   21
Es gibt keinen Masterplan   22
Verantwortung für sich und das eigene Handeln übernehmen   26
Das persönliche Wachstum nicht vernachlässigen   32
Der Veränderungsprozess hört nie auf   35
Für Ruheinseln sorgen, Privaträume schaffen   41

Streit und Frieden 45
Handlungsbedarf bei Konflikten – Umgang mit Streitthemen   47
Die eigenen Gefühle verstehen lernen – Veränderung beginnt
im Innern   52
Die Versuchung und der dritte Weg   53

Schuld und Unschuld 57
Heilung durch Versöhnung   61
Aus der Spirale der Aggression aussteigen   62
Ich bin nicht deine Gefühle – Bitte mach mich nicht falsch   67
Ganz am Rand   72

Paarbeziehungen 75
Männer sind anders, Frauen auch   76
Gleichwürdigkeit beider Partner als Basis einer
belastbaren Paarbeziehung   78
Ja sagen zum Alltag   79
Beziehungen entziehen sich der Kontrolle und dem Wunsch
nach Ordnung   82

Was kann ich tun, wenn es kracht?   88

Klar werden mit mir und unserer Beziehung   93

Werde, der du bist – Hilfreiche Strategien   96

Konflikte und der Umgang mit ihnen   105

Kinder bringen Konflikte   106

Eltern gehören wieder ins Zentrum der Familie!   109

Beschäftigen Sie sich wieder mehr mit Ihrem Partner!   111

Holen Sie sich Hilfe von außen!   113

Heiraten Sie nicht die Voraussetzungen, sondern den Menschen!   115

An Konflikten wachsen   116

Ein Fall aus der Praxis   119

Führung und Selbstführung   123

Führung in der Familie, wie geht das?   124

Unterwerfung oder Begegnung auf Augenhöhe?   126

Risiken, Nebenwirkungen und Nutzen guter Selbstführung   135

Macht, Gehorsam, schlechte Führung   141

Macht in der Erziehung   145

Anzeichen für Gleichwürdigkeit in Beziehungen   153

Macht und Ohnmacht   158

Macht und Sexualität   160

Aggression und der Umgang damit   165

Hinter meiner Wut steht Trauer   167

Vom destruktiven zum konstruktiven Streit   170

Formen der Aggression   175

Mit mir nicht! 179

Binden und Lösen – und Selbstheilung   180
Beziehungsmedizin   182
Der Unterschied zwischen Mitleid und Mitgefühl   185
Erwachsen werden   187

Trennung – und dann? 191

Beziehungen sind Verbindungen auf Zeit   192
Es braucht Ihre Bereitschaft zur Veränderung   195
Trennung ist wie ein kleiner Tod   196

Schlusswort 200

Textnachweis   201
Bildnachweis   204
Weiterführende Literatur   205

In der Liebe kommt es zu dem Paradoxon,
dass zwei Wesen eins werden
und trotzdem zwei bleiben.
ERICH FROMM, DIE KUNST DES LIEBENS[1]

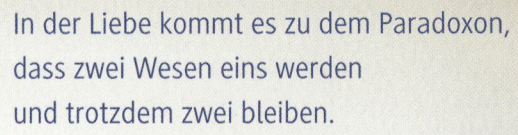

Vorwort

Zum Frieden braucht es zwei, zum Krieg reicht einer. Wieso dieser Titel? Ganz einfach: Manchmal brauche ich mein Gegenüber, insbesondere den geliebten Menschen, um aus der einen oder anderen verfahrenen Situation wieder herauszukommen. Manche Dinge gelingen mir allein nicht, sodass ich seine Hilfe, seine wohlwollende Außenperspektive und seine freundliche Unterstützung benötige, um den nächsten Schritt in meiner Entwicklung tun zu können.

Könnte ein Mensch auch allein seelisch wachsen, bräuchten wir einander nicht, und es gäbe keinen Grund, sich zu verlieben. Ich glaube jedoch daran, dass sich Möglichkeiten/Chancen verlieben, weil wir beide dadurch etwas bekommen, was wir allein nicht haben können. Deshalb gehören zum Seelenfrieden zwei, aber einen Beziehungskrieg (oder echten Krieg) anzuzetteln, das schafft jeder allein.

»Zum Frieden braucht es zwei, zum Krieg reicht einer.« Der Titel dieses Buches ist eine Beduinenweisheit, aber das hat meines Wissens auch der ehemalige UN-Generalsekretär Kofi Annan gesagt, wenn er als Schlichter zwischen Konfliktparteien auftrat. Wenn ich in den vielen Paarberatungen und Trennungsprozessen, die ich seit der Jahrtausendwende durchgeführt beziehungsweise begleitet habe, diese Aussage in den Raum gestellt habe, schließe ich daran die Frage an: »Soll es denn wirklich Frieden geben? Und wie soll der aussehen?«

Die »alte« Beziehungskultur sucht weiter nach den Schwächen der Menschen und produziert auf diese Weise mehr Verlierer, als wir uns leisten können. Die »neue« Beziehungskultur hat sich entschlossen, jeden Menschen in seinen Stärken individuell zu fördern. Wer wirklich eine Veränderung will, findet Wege; wer jedoch den bequemen Status quo beibehalten will, der findet genug Gründe, warum die anstehende oder gewünschte Veränderung gerade nicht möglich, unpassend oder schlicht blöd ist.

Wie schaffe ich es, unserer Beziehung Sinn und Bedeutung zu geben? Einen Sinn, der nicht nur von Funktionieren, Konsum, Zeitmanagement und Arbeitserfüllung bestimmt ist, sondern mit mir wächst? Einen Lebenssinn, auf den ich kontinuierlich »hinleben« kann, den ich nicht zu suchen brauche, den ich aber finden kann. Sinn, der mir Kraft spendet und mir nicht dauernd Kraft raubt. Was gibt mir eigentlich Kraft, wo ist meine Quelle, die mich nährt und nicht auszehrt?

»Was hat denn das mit Paarbeziehungen zu tun?«, werden Sie nun fragen. Nach unzähligen Paar- und Familiengesprächen habe ich die Erfahrung gewonnen, dass die Symptome einer nicht funktionierenden Beziehung sehr vielfältig sein können, die Ursachen sich jedoch meistens sehr ähnlich sind. Auf diese Ursachen will ich in diesem Buch eingehen. Auf das Problem hinter dem Problem. Dabei ist eines der Probleme, dass wir glauben, wir dürften keine Probleme haben.

Um uns selbst näher zu kommen und unsere Beziehungen zu erneuern, brauchen wir als Individuum die andauernde Erneuerung mit all ihren Begleiterscheinungen wie Schmerz und Freude. Beständigkeit in unseren Paarbeziehungen erreichen wir durch stete eigene Erneuerung – ich nenne es Wachsen. Die Möglichkeit zu individuellem Wachstum in der Beziehung beeinflusst diese und macht sie interessant für beide. Nach meiner Erfahrung endet der »Magnetismus« einer Beziehung, wenn ein Partner den Eindruck hat, dass er/sie in dieser Konstellation nicht mehr wachsen kann. Dann orientieren wir uns nach außen und andere Menschen werden als mögliche Partner interessant. Vorher waren diese Menschen auch interessant, aber der »Liebesmagnetismus« fehlte.

Ich gehe davon aus, dass unsere Paarbeziehung sich eigenständig aus dem heraus entwickelt, was wir in die Beziehung einbringen. Sie ist in gewisser Weise wie unser gemeinsames Kind, das sich nicht kontrollieren lässt und doch Halt braucht. Dieser scheinbare Widerspruch ist ein Charakteristikum der Paarbeziehung. Sie braucht Autonomie und Verbundenheit, Nähe und Distanz, und je besser wir in der Lage sind, diese (und viele weitere) Begriffspaare – auf unsere eigene Art – zu integrieren, als desto fruchtbarer erleben wir das Zusammensein.

Die Stabilität und Sicherheit, die wir uns in unseren Paarbeziehungen so sehr wünschen, erringen wir durch die zu erlernende Fähigkeit, Spannungen zu ertragen. Und indem wir lernen auszuhalten, dass es eine konfliktfreie Paarbeziehung nicht gibt. Was wir hingegen im Miteinander sehr gut lernen können, ist, unsere eigenen Grenzen deutlich zu machen und die des anderen zu respektieren. Das Nicht-verhandelbare beim anderen zu akzeptieren und ihm gleichzeitig

// Glück und Unglück sind davon abhängig, wie wir die Umstände deuten. Innerer Frieden nicht. Jenseits von Glück und Unglück ist Frieden. //

zuzumuten, dass es Bereiche gibt, die für uns nicht verhandelbar sind. Die Freiheit in der Beziehung liegt in der Freiheit des Individuums *und* im Miteinander in Gleichwürdigkeit.

Das Geheimnis zufriedener Paare ist das gegenseitige Interesse und das Gespräch. Wünsche mitteilen, Meinungsverschiedenheiten klären. Wie Paare miteinander sprechen, beeinflusst maßgeblich ihre Beziehung. Gut miteinander umgehen ist erlernbar, das Interesse am anderen behalten ist Glück! Als Glück bezeichne ich den Aspekt unserer Beziehung, den wir nicht »im Griff« haben, weil er sich unserem Wollen und unserer Kontrolle entzieht.

Ratgeber, Paarberatung oder Coachings können ein paar störende Schlaglöcher in der Straße füllen, sodass Ihr Paarvehikel wieder etwas freier und leichter über den Beziehungshighway rollt. Aber wie schnell Sie unterwegs sind, mit welchem Fahrzeug Sie fahren, in welche Richtung es geht, das bestimmen Sie beide selbst. Und das ist gut so. Paarbeziehung kann man nicht üben oder gar trainieren. Sie ist jedes Mal eine Maßanfertigung, an der wir beide beteiligt sind. Keiner weiß, was da entstehen wird. Das ist faszinierend und macht diejenigen, die Beziehungen kontrollieren wollen, verrückt. Zum Frieden braucht es beide: Wenn nur einer Frieden will und der andere Krieg, gibt es Krieg. Ich denke, es ist für den einen oftmals eine größere Hürde als für den anderen. Denn letztlich geht es darum auszuhalten, dass man zwei unterschiedliche Geschwindigkeiten hat, andere Bedürfnisse hat, eben nicht gleich ist. Wenn wir es schaffen, uns über dieses Anderssein unseres Partners zu freuen; wenn es uns gelingt, die Dinge mit Humor zu nehmen, ohne uns über den anderen lustig zu machen, sondern freundlich auf den anderen zu schauen, dann wird es leichter – für alle! Eine Garantie fürs Gelingen gibt es nirgends.

// Wie immer habe ich
meine Probleme durch
meine Verwandlung gelöst. //
VERFASSER UNBEKANNT

Dieses Buch soll Sie ermutigen, gemeinsam als Paar auf Ihre Beziehung zu schauen: auf das, was gut geht, gut tut, was sie stärkt, und auf das, was sie beschäftigt, was nicht klappt, was schwächt und lähmt. Sie schaffen gemeinsam etwas Neues, Drittes, das Sie nicht steuern können: Ihre Beziehung. Helfen Sie sich gegenseitig, den nächsten Schritt zu tun. Bleiben Sie im Gespräch, schaffen Sie neuen Kontakt, wenn der alte zu bröckeln droht. »It takes two to tango« – zum Beziehungstanz gehören immer zwei, die sich gegenseitig unterstützen. Wir wissen, dass es in jeder Paarbeziehung Phasen größerer Harmonie und Nähe gibt und ebenso das Gegenteil. Phasen, in denen ich mich allein (gelassen) fühle, wo ich eigentlich keine Lust mehr habe, keine Perspektive mehr sehe, wo ich allein sein will oder muss. Es ist eine Art Tanz zwischen dem, was ich gerne hätte, und dem, was möglich ist.

Individuen wie auch Paare tun immer ihr Bestes! Ich bin noch nie jemandem begegnet, der sagte: »Jetzt tu' ich mal genau das, was mir sicher schaden wird (weil es dem anderen schadet).« Alle wollen, dass es gut für sie selbst und die anderen weitergeht. Und meistens stehen wir uns nur selbst im Weg, wenn es nicht gelingt. Dieses Buch soll Eigenreflexion ermöglichen und Sie dazu anregen, sich mit Ihrem Partner, Ihrer Partnerin über die wirklich wichtigen Gedanken in Ihrem Leben auszutauschen: Ihre Ängste, Ihre Befürchtungen, Ihre Wünsche und Hoffnungen, Ihre Freude. Das ist die Kraft, die Beziehungen stärkt und fast unverwundbar macht. Das ist die Kraft, die uns erlaubt, Kränkungen zu überwinden und die tiefen Täler zu durchschreiten, die es in jeder Partnerschaft gibt.

Allein der Glaube »Wir schaffen das!«, genau diese Gewissheit trägt uns weiter: Ich habe was davon, wir haben was davon, ich kann mich mit dir weiterentwickeln, mit dir kann ich etwas erleben, was ich allein nicht haben kann. Gemeinsam können wir Kinder haben, gemeinsam können wir Erlebnisse haben, die ich mir in meinen kühnsten Träumen nicht hätte ausdenken können. Gemeinsam sind wir nicht allein.

Was ist Ihnen wichtiger? Ihre Ideale oder Ihr Partner? Wollen Sie wirklich Ihre Liebe, die Sie zusammengeführt hat, Ihren Fantasien von einer idealen (konfliktfreien) Partnerschaft, einem idealen Partner, opfern? Manche unserer Wünsche können wir besser loslassen als ihre Erfüllung zu erzwingen. Erst daraus erwächst die Möglichkeit, dass manche von ihnen wahr werden. Wir können wundervolle Beziehungen zu anderen Menschen haben, doch die perfekte Verbindung gibt es maximal für Sekunden. Es fühlt sich manchmal an wie eine Ansammlung von Sekunden intensiven Verstehens, mit riesigen Lücken dazwischen. Diese Lücken können wir mit der inneren Gewissheit füllen, dass wir allein *und* zusammen sind. Und das immer wieder – nacheinander.

Dieses Buch macht Mut zur Partnerschaft und zur Familie und erinnert uns daran, wie wir uns wieder selbst finden können, wenn alles im Sollen und Müssen des Alltags davonzuschwimmen scheint. Wie also bleiben Paarbeziehungen dauerhaft lebendig? Nehmen Sie Ihren Partner, Ihre Partnerin, wie er/sie ist, und lieben Sie sich, wie Sie sind. Wie dieses unmögliche Unternehmen gelingen kann, versuche ich auf den nächsten Seiten etwas klarer auszuführen. Und noch ein Tipp: Halten Sie die Augen weit offen für Neues, aber nicht so weit, dass das Hirn rausfällt!

Es gibt keine externen Experten für Partnerschaft oder für das Leben im Allgemeinen. Sie selbst sind die Expertin, der Experte für Ihr Leben! Und wenn ich in diesem Buch das eine oder andere Mal selbst über diese Erkenntnis hinausgeschossen sein sollte, dann bitte ich Sie schon jetzt um Nachsicht.

Gutes Gelingen!
Ihr Mathias Voelchert

PS: Noch ein Hinweis: Ich schreibe immer »Partner«, damit sind natürlich immer beide gemeint, also Partner und Partnerin.

Nähe
und Distanz

Wenn wir als Paar zusammenkommen, sind wir Anfänger. Mit Anfänger meine ich: Wir wissen noch nicht, wie unser Zusammenspiel als Paar sein wird. Tun wir uns leicht miteinander oder schwer? Entwickelt sich unsere Beziehung eher konstruktiv oder eher destruktiv? Stärken wir uns gegenseitig oder schwächen wir uns? Wir stehen am Beginn einer gemeinsamen Entwicklung, von der wir nicht wissen, wohin sie uns führt.

Die Paarbeziehung entwickelt sich durch das Loslassen von Träumen und Fantasien. Unsere Fantasien einer idealen Paarbeziehung befinden sich nur in unserem Kopf. Dieses erträumte Glück ist nichts wert. Es taugt nicht für den Alltag und lässt unser tatsächliches Leben vergleichsweise schal aussehen. Der erste Traum, den es loszulassen gilt, lässt sich in dem Satz zusammenfassen: »Jetzt habe ich das gefunden, was ich als Kind nicht bekommen habe.« Das gilt sowohl für Männer als auch für Frauen. Verliebtheit beginnt, wenn das Kind im Mann (oder das Kind in der Frau) meint, die idealisierte Mutter gefunden zu haben. Deswegen ist die Verliebtheit auch blind, denn wie ein Blinder kann auch der Verliebte den anderen nicht als die Person sehen, die er oder sie wirklich ist. Erst im Lauf der Zeit lernt man langsam, den anderen zu sehen, wie er ist, und ihn vielleicht auch zu lieben, wie er ist.

Einerseits ist das ein Sterbeprozess. Die Krisen, die sich in einer Paarbeziehung einstellen, sind Teil dieses Sterbens. Aber andererseits kann man dieses Sterben als einen Vorgang betrachten, bei dem sich das Leben selbst erneuert. Die Paarbeziehung entwickelt sich von der individuellen, personifizierten Liebe (in der noch Träume im Vordergrund stehen) zu einer mitmenschlichen, größeren Liebe hin. Das ist ein schmerzlicher, aber auch erfüllender Prozess. Es bedeutet den Verlust der Kontrolle über den anderen, aber auch einen Gewinn an Freiheit und Vertrauen, und dies innerhalb eines individuellen und gemeinsamen Wachstumsprozesses.

Ein guter Anfang braucht Begeisterung, ein gutes Ende Disziplin.

HANS-JÜRGEN QUAD-BECK-SEEGER, ERFINDER UND MANAGER[2]

Verbundenheit, aber auch Freiheit ist wichtig

Genug Nähe! Geborgenheit, angenommen sein, so wie ich bin, ist wohl das schönste und tiefste Gefühl, das wir erleben. Als glücklicher Partner in einer guten Paarbeziehung brauchen wir Verbundenheit, Zusammenhalt, Zugehörigkeit, Geborgenheit. Wir tun fast alles, um dazugehören zu dürfen, denn nichts ist schlimmer als Ausschluss von unserer Familie (zuerst der Herkunftsfamilie und später unserer gegenwärtigen Familie).

Sich verbunden fühlen ist wie Beziehungsmedizin! Wir bewahren die »Frische« unserer Partnerschaft, indem wir sie immer wieder neu begründen. Das geschieht durch gemeinsames Träumen, zum Beispiel darüber, wie unser Haus einmal aussehen wird, oder tägliche kleine Rituale, wie eine schnelle SMS »Ich denk an dich«, den Begrüßungskuss oder einfach das Interesse am anderen. Durch diese fortwährend vermittelte Botschaft »Ich fühle mich mit dir verbunden« stärken und erhalten wir unsere Partnerschaft.

Genug Freiheit! Das Gegengewicht zur Zugehörigkeit ist die Autonomie, Platz für Individualität, Freiraum für persönliches Wachstum. Wir brauchen auch genug Abstand voneinander! Wir brauchen dringend beides: Nähe und Distanz, Zugehörigkeit und Eigenleben, Anpassungsfähigkeit und Autonomie, Integrität und Kooperation, alles Begriffspaare, die unser Grundbedürfnis beschreiben. Wir wollen unsere individuellen Bedürfnisse erfüllen *und* mit dem Partner an einem Strang ziehen, damit das Gemeinsame gelingt. Das geschickte Wechseln zwischen Nähe und Distanz ist einer der Stabilitätsbausteine für eine belastbare Partnerschaft. Dass unsere Wünsche nach Nähe und Distanz nie ganz in Erfüllung gehen, ja sich sogar widersprechen, ist ebenfalls Realität in einer Beziehung.

Auch unser Traum von unangefochtener Zugehörigkeit ist ein unerfüllbares Ideal. Unser Alltagsleben, unser Dazugehören müssen wir immer wieder erneuern. Doch können wir weder uns selbst noch den anderen besitzen. Da helfen auch keine aufwändig inszenierten Spektakel wie etwa eine großartige Heiratszeremonie. Wir müssen aushalten lernen, dass es diese Sicherheit im Leben nicht gibt.

Es gibt keinen Masterplan

Es gibt keine Methode, kein Modell, das uns anleitet, wie wir in Beziehungen eine gleichwürdige Partnerschaft erreichen! Es gibt hunderte Modelle und Methoden, die einer bestimmten Philosophie, Therapie- oder Denkrichtung folgen – oft genug steht dabei die Methode im Vordergrund und nicht der Mensch, um den es doch gehen sollte! Jeder Art von »Behandlung« haftet der leichte Beigeschmack des Mangels an. Als fehlte uns etwas, als wären wir so, wie wir sind, nicht gut genug, als wüssten Fachleute besser als wir selbst, wie wir mit unserem Leben zurechtkommen. Andererseits führt ein solche Abwehr gegenüber Therapie, zu der viele neigen, nur zu mehr vom Selben, das heißt, sie vermeiden, Erkenntnisse über sich selbst zu gewinnen. Ich denke, eine gesunde, individuelle Mischung aus Offenheit und Festhalten kann hilfreich sein. Auch eine Art »Spamfilter« könnte helfen, mit den vielen Vorstellungen darüber, wie die Partnerschaft sein sollte, wie die Sexualität sein sollte, wie ich sein sollte, wie du sein solltest, umzugehen. Lassen Sie sich von Vorgaben nicht verrückt machen. Sie entscheiden, was zu Ihnen passt und was nicht. Das ist alles.

Paare könnten sich bedingungslos verbünden, um das Gemeinsame gegen das Spaltende zu verteidigen. Mit bedingungslos verbünden ist gemeint: Ich tue nichts, was dir, mir (oder den Kindern) schadet. Damit kann nicht nur die Partnerschaft gelingen, sondern das kann auch in der Trennungsphase die Rettung vor einem Rosenkrieg sein. Doch diese »Partnerschaft in Liebe« oder »Trennung in Liebe« gelingt nur, wenn die beteiligten Erwachsenen bei Verstand bleiben, diesen Prozess unterstützen und es auf diese Weise fertigbringen, das Einende über das Spaltende zu stellen. Nach meiner Erfahrung ist das eine reine Willensentscheidung, die jeder selbst treffen muss. Mehr können Sie dazu in meinem Buch *Trennung in Liebe* nachlesen.

Wenn Ehe oder Partnerschaft nicht gelingt, liegt es nahe, dem anderen die Schuld daran zu geben. Davor oder danach wird versucht, an diesem Menschen »herumzuschrauben«, frei nach dem Motto »Was nicht passt, wird passend gemacht!«. Wenn wir Menschen wie Objekte behandeln, geht eine Beziehung schief. Menschen wollen nicht passend gemacht werden. Veränderung kann jedenfalls nicht mit dem Blick nach außen, auf Partner oder andere, geschehen. Die erste Veränderung fängt bei mir an! Ich schaue auf mich, in mich, wie

es mir mit meinem Verhalten geht. Es ist ein In-Anschluss-Kommen mit mir selbst. Mit meinen Werten. Und diese Werte messe ich an den Standards von Respekt und Würde, die für alle gelten. Partnerschaft ist ein gemeinsamer Wachstumsprozess, bei dem wir gegenseitig Hilfe brauchen. Sie ist auch ein Lernprozess und der beginnt damit, dass wir die Verantwortung für unser Verhalten übernehmen und uns auch mit unerfreulichen Ergebnissen auseinandersetzen. Nach dem »Anschauen, was ist« kann eine Veränderung in die gewünschte Richtung erfolgen. »Anschauen, was ist« bedeutet: Die Faktenlage in der Beziehung klären, also die Tatsachen von den Fantasien, Erwartungen, Ängsten trennen. Ein Beispiel: Es gab wegen einer Kleinigkeit Streit, nach einer Unterbrechung zur Beruhigung kommen beide Partner wieder zusammen und sprechen über das Erleben der Konfliktsituation. Der eine erklärt: »Ich war genervt, weil du …«, »Ich habe immer erlebt, dass …«, »Diese Situation kommt mir so bekannt vor, weil …« Der andere kann das aus seiner Sicht ergänzen: »Ja, verstehe ich, und ich war ungehalten, weil …« Wenn dieser Austausch stattfinden kann, ohne dass »altes Gepäck«, also frühere Verletzungen oder Themen, aktiviert werden, ist eine Lösung möglich. Und man kann sich dann darüber Gedanken machen, wie man es in Zukunft anders halten will. Entscheidend ist die emotionale Ladung – Konflikte lassen sich nur lösen, wenn die Stimmung nicht aufgeladen ist.

Erschwert wird uns all das natürlich dadurch, dass wir nicht wirklich auf Erfahrungen zurückgreifen können. Die Muster, nach denen unsere Eltern oder viele unserer Lehrer gehandelt haben, wollen wir nicht übernehmen, wir merken, dass wir mit ihnen nicht weiterkommen. Das verunsichert, aber wenn wir andere Ergebnisse haben wollen, müssen wir neue Wege gehen. Wege, die sehr individuell sind, wo nur die Richtung klar ist, nicht aber der konkrete Weg. Es gibt keine Methode, kein »So musst du das machen«. Es ist ein »Navigieren beim Driften«, wie es in einem Buchtitel zum Thema so schön formuliert wurde.

Verantwortung für sich und das eigene Handeln übernehmen

Die Basis für eine befriedigende Beziehung ist die Eigenverantwortung. Ich bin für mich verantwortlich, du für dich. Dann bleibt jeder frei vom anderen, und Liebe ist, was sie immer schon war: eine jederzeit freiwillige Verbindung! Kein Anspruch auf Besitz mehr!

Wir sind immer verantwortlich für unsere Beziehung. So, wie sie ist, ist es die Beziehung, die wir miterschaffen haben. Und wenn der andere einfach geht, hat er seine Gründe, an denen ich mitbeteiligt bin!

Natürlich lehnen viele diese Einstellung ab. Sie sagen sich: Damit habe ich doch gar nichts zu tun! Die Folgen sind hohe Scheidungsraten und zu viele Menschen, die lieber allein leben, als noch einmal in »so eine Beziehung« hineinzurutschen.

Aber wir wollen es mit Menschen zu tun haben, nicht mit Masken, Konzepten oder Marionetten, die an ideologischen Fäden hängen! Im Zusammenleben wollen wir den Menschen entdecken, mit dem wir zusammen sind. Sonst bleiben wir in unseren Rollen gefangen und behandeln unseren Partner als leblosen Gegenstand, während er doch ein unergründbarer Garten des Lebens ist.

Wahrnehmen und anerkennen, was ist. Das Anerkennen bedeutet ja, dass ich zunächst einmal zu dem stehe, was ich in der Partnerschaft mit-erschaffen habe. Frauen suchen den Menschen im Mann. Männer, die bei sich sind, im Anschluss mit sich sind, haben davor keine Angst! Sie haben keine Angst, den verletzlichen Menschen zu zeigen, der sie auch sind. Sie sind stark genug, um verletzlich zu sein. Sie haben es nicht nötig, sich hinter der Maske der Macht und der Unberührbarkeit zu verstecken. Männer suchen den Menschen in der Frau! Sie suchen Frauen, die bereit sind, auf Augenhöhe, fair zu leben. Die respektieren, dass Männer anders sind als Frauen. Die nicht versuchen, Männer zu domestizieren. Die die Freiräume fördern, die Männer suchen. Frauen, die auch unmissverständlich ihr Verständnis von Fairness einbringen. Beide brauchen gleichwürdige Partner!

Nicht allgemeine Modelle bringen uns weiter, sondern spezielles Reagieren auf die spezielle Situation, in der wir uns gerade befinden. Das ist erlernbar, das ist die Lern- und Veränderungsaufgabe, die sich jedem stellt. Durch Ausprobieren können wir uns selbst auf diesen Weg begeben. Wir merken sofort, ob das, was wir verändert haben, fruchtbar ist oder furchtbar. Dabei gehen wir ohne Konzept für Richtig und Falsch, aber trotzdem nicht konzeptlos vor! Es geht dabei klar Richtung Respekt!

Der 35-jährige Paul kam mit folgender Frage in meine Beratung: »Jetzt bin ich seit zwei Jahren mit Martha, einer wunderbaren Frau, zusammen, davor war ich drei Jahre Single – und ich war gerne Single. Als ich ihr sagte, ich bräuchte zwei Wochen Urlaub, um allein auf Vancouver Island den West Coast Trail im Pacific Rim National Park zu gehen – sie wandert nicht gerne –, ging ein Riesentheater los: ›Du liebst mich nicht mehr! Genüge ich dir nicht mehr? Das ist ein Vertrauensbruch, ich habe Angst, dass du mich betrügst.‹ Liege ich mit meinem Ansinnen so daneben? Wie kann ich meiner Partnerin, die ich sehr liebe, deutlich machen, dass sich mein Wunsch nicht gegen sie richtet?«

»Das wird nicht leicht«, gab ich ihm zur Antwort. »Möglicherweise ist sie schon drauf und dran, Sie als ihren Besitz anzusehen. Das wäre keine gute Basis, um in einer Beziehung, die eigentlich auf Freiwilligkeit beruhen sollte, gemeinsam zu wachsen. Es wäre gut, wenn sie bei unserem Gespräch dabei wäre, aber sagen Sie ihr doch Folgendes: ›Ich liebe dich, ich bin aber nicht dein Besitz. Ich will dich auch nicht besitzen. Unsere Liebe beruht, zumindest von meiner Seite aus, auf dem Gefühl, dass wir freiwillig zusammengehören. Ich will mit dir zusammen sein, aber nicht um den Preis, dass ich meine Wanderausflüge nicht mehr machen kann. Das ist mir sehr wichtig. Ich habe wohl den Fehler gemacht, dir das nicht frühzeitig zu sagen.«

Darauf entgegnete Paul: »Wenn Sie das jetzt so sagen, kann ich dem ganz zustimmen, allerdings habe ich schon das Gefühl, dass sie mehr Nähe will als ich. Da fühle ich mich fast ein bisschen schuldig, weil ich das nicht so empfinde.«

Genau das solle er seiner Partnerin sagen, riet ich ihm, und wiederholte, dass es wirklich schade sei, dass sie bei diesem Gespräch nicht dabei sei. Dem konnte er zustimmen, er habe nicht erwartet, dass das Gespräch solch eine Wendung für ihn nehmen würde. Er habe jetzt das Gefühl, er könne ihr all seine Gedanken zumuten, vor allem seine Angst, sie würde ihn aus Eifersucht verlassen, wenn er auf den Trail ginge. Er sprach auch von seiner Angst, dort eine Sportlerin kennenzulernen und sich Hals über Kopf zu verlieben.

Nach drei Monaten kam Paul wieder – diesmal mit seiner Partnerin, sie waren immer noch zusammen. Thema war wieder eine bessere Nähe- und Distanzregulierung. Er berichtete in ihrem Beisein, dass er auf dem Trail tatsächlich eine attraktive Kanadierin kennengelernt habe, jedoch total erstaunt gewesen sei, dass er mit dieser Anziehung sehr gut umgehen konnte. Er fand die Frau attraktiv, sie ihn auch, sie gingen ein Stück Weg gemeinsam, dann schlug sie einen anderen Weg ein und auch er ging seinen weiter, ohne weiter an sie zu denken. Er war voller Liebe für seine Partnerin und freute sich auf das nächste Telefonat mit ihr.

Auf die Frage, wie es ihr mit der Geschichte gehe, antwortete Martha: »Als er zurückkam, war ich froh, dass er mir am Telefon nichts davon gesagt hatte, sonst wäre ich geplatzt vor Eifersucht. Es ist auch jetzt noch schwierig. Aber ich bekomme langsam ein Gefühl dafür, dass Paul nicht auf Liebesabenteuer aus ist, sondern mich wirklich lieb hat. Und nicht weg will. Und ich lerne langsam, dass er nicht so werden muss, wie ich ihn gerne hätte. Diese Gefühle der Eifersucht

> // Ihr dürft ihnen eure Liebe geben, aber nicht eure Gedanken, Ihr dürft ihren Körpern ein Haus geben, aber nicht ihren Seelen (…) Ihr dürft euch bemühen, wie sie zu sein, aber versucht nicht, sie euch ähnlich zu machen. //
>
> KHALIL GIBRAN, PHILOSOPH UND DICHTER (1883–1931)[3]

oder des Nicht-genug-Seins haben mit mir zu tun. Das ist schwer für mich einzuordnen, ich liebe ihn sehr. Ich bin genauso alt wie er, nämlich 35, und wünsche mir so sehr Kinder mit ihm. Dieser Wunsch ist noch stärker als meine Eifersucht.«

»Und das ist das Problem für mich«, fuhr Paul fort, »ich befürchte, dass Kinder mir die Luft zum Atmen nehmen werden. Ich befürchte, dass sie alles auf den Kopf stellen. Die Kinder unserer Freunde sind total besitzergreifend, sie sind jetzt fünf und sieben und ihre Eltern kommen mir vor wie Zombies.«

Ich antwortete: »Martha, Sie haben erlebt, dass Sie den gewissermaßen ›konstruktiven Schmerz‹, Paul auf den Trail gehen zu lassen, aushalten konnten. Es wäre schnell ein ›destruktiver Schmerz‹ gewe-

// Die beste Beziehungsmedizin:
Ich nehme dich und mich so, wie wir sind. //

sen, wenn Paul Ihnen zuliebe geblieben wäre und sich damit angekettet gefühlt hätte. Mit ›konstruktiv‹ meine ich, dass es für Sie stärkend sein könnte, sich mit der Angst, betrogen zu werden, auseinanderzusetzen.

Paul, Sie reden von den Kindern der anderen. Das werden aber nicht andere Kinder sein, das werden *Ihre* gemeinsamen Kinder sein. Sie werden Ihnen ähnlich sein, im Ausdruck, vielleicht im Aussehen, diese Kinder werden *Sie* brauchen. Und gleichzeitig werden sie eigene Menschen sein, unverwechselbar, völlig einmalig. Obwohl sie von Ihnen kommen, gehören sie Ihnen nicht.

Es wird sich eine Liebe zu Ihren Kindern entwickeln, die Sie vielleicht noch nie erlebt haben. Diese Liebe entsteht aus dem Vielen, das Sie als Familie zusammen erleiden und erleben werden. Das wird kein Spaß. Und es wird Sie Freiheit kosten. Aber es ist absolut nicht nötig, sich selbst dabei aufzugeben. Ganz im Gegenteil, wenn die erste Phase der Neuorientierung als Familie, mit der Ankunft eines Kindes, begonnen hat, brauchen Ihre Frau und das Baby Unterstützung. Die können Sie gut geben, wenn Sie gewiss sein können, dass es zum Ausgleich Freiräume – ganz allein für Sie – geben wird.«

Das Beziehungsgift Nummer eins ist: »Du bist falsch!« In der Regel fangen Paare an, sich Vorwürfe zu machen, wenn ihre Bedürfnisse nicht so Erfüllung finden, wie sie sich das erträumen. Unterstellungen sind dann an der Tagesordnung, und im Hintergrund lauert der Gedanke: »Wenn du anders wärst, wär' alles gut.« Dagegen schaffen Ich-Aussagen einen Spielraum, der dem anderen erlaubt, anders zu sein: »Ich brauche jetzt eine Pause.«

Wer nicht allein sein kann, wird die Liebe nicht lange an seiner Seite spüren. Allein sein bedeutet, sich selbst kennenzulernen. Die Liebe braucht Phasen der Ruhe vom anderen, damit sie sich von den Interessen der anderen, von deren Wünschen, Träumen, Ängsten, Nöten und Drängen erholen kann.

Das persönliche Wachstum nicht vernachlässigen

In einer Partnerschaft geht es um Wachstum. Wachstum drückt sich durch gemeinsame Projekte, durch gemeinsame Kinder aus, aber auch dadurch, dass jeder Partner in seinem Beruf erfolgreich arbeiten und sich als wertvoll erleben kann. Wenn dieses gefühlte und erlebte Wachstum verloren geht, verlieren wir auch das Interesse an dieser Gemeinschaft. Dann wird daraus eine Zweckgemeinschaft. Manchen Paaren genügt das. Für aktive Paare kann es zu wenig sein. Meist vermisst nur einer der beiden Partner das Wachstum; das führt zu Außenbeziehungen, die immer den Nebeneffekt haben, dass die Beziehungen kompliziert werden, denn die Folge ist gewolltes oder ungewolltes Wachstum. Das heißt, dass wir uns mit den Folgen dieser komplexeren Situation auseinandersetzen müssen. George Bernard Shaw verdeutlichte das wie folgt: »Der einzige Mensch, der sich vernünftig benimmt, ist mein Schneider. Er nimmt jedes Mal neu Maß, wenn er mich trifft, während alle anderen immer die alten Maßstäbe anlegen in der Meinung, sie passten auch heute noch.«[4]

Sich gemäß den eigenen Bedürfnissen zu verändern, ist ein Schritt hin zu gelingender Beziehung. Herausbekommen, was ich will, was mein Leben lebenswert macht, und bereit sein, das in den nächsten Jahren umzusetzen. Wenn ich weiß, was ich will, kann ich das mit meinem Gegenüber besprechen. Dann höre ich (hoffentlich) vom anderen, was er willst. Mich dem geliebten Menschen anzuvertrauen, wirkt Wunder, wenn ich den Mut dazu habe und lerne, mit jeder Reaktion umzugehen.

Jetzt muss natürlich die Frage kommen: »Und was ist, wenn die Interessen wie zwei Pole einander genau entgegengesetzt sind?« Beispielsweise will der Mann kein drittes Kind, die Frau schon. Dann wissen wir zumindest schon einmal *das*. Wir wissen, dass es heute, zu

// Der Seele Heimat
ist der Sinn. //
VIKTOR E. FRANKL,
NEUROLOGE UND PSYCHIATER[5]

diesem Zeitpunkt, diese beiden völlig konträren Interessen gibt: Drittes Kind – ja und nein. Kommt Zeit, kommt Rat.

Vor kurzem kam ein Paar mit genau diesem Konflikt zu mir in die Beratung. Die Frau war ungewollt zum dritten Mal schwanger, der Mann sagte, er wolle kein weiteres Kind. Dabei fasste er sich an die Augen und seine Stimme klang kurz brüchig. Das gab mir den Mut nachzufragen: »Mir kommt es so vor, als wähnten Sie die Kinderzeit jetzt endlich hinter sich.« (Die ersten beiden Kinder waren neun und elf). Er sah mich an und sagte: »Ich habe mich so auf die Zeit mit meiner Frau gefreut. Endlich wieder ein Urlaub zu zweit, unsere Sexualität etwas ankurbeln, zusammen essen gehen, einfach wir beide. Und nicht eine Welt, die sich nur um die beiden Kinder dreht.« »Aber das hast du mir nie gesagt!«, rief seine Frau unter Tränen. Er: »Ich wusste es auch nicht so deutlich, bis zu diesem Moment. Zuerst war es ein undeutliches Gefühl, später wurde mir immer klarer: Dahin will ich nicht mehr zurück!«

Jetzt wurde es ernst in dieser Beziehung. Wenn es ernst wird, finden Paare häufig die Kraft, sich zu entscheiden. Dieses Paar traf die Entscheidung: Wir wollen das Kind nicht abtreiben, aber den Zirkus, den wir mit den ersten beiden Kindern aufgeführt haben und bei dem sich alles um die Kinder dreht und wir uns nur noch als Servicepersonal erleben, diesen Zirkus haben wir selbst inszeniert, deshalb werden wir damit auch aufhören. Eine Entscheidung: Ja, aber nicht mehr so wie bisher. Eltern denken häufig, sie müssten jetzt nur noch für das kleine Kind da sein. Das ist in den ersten zwei Jahren auch völlig richtig. Danach wird es langsam aber immer wichtiger, die Vorzeichen umzukehren und sich wieder selbst im Zentrum der Familie zu etablieren. Kindern kann es in der Familie nur so gut gehen wie den Eltern. Das beste Beispiel geben Eltern ihren Kindern, indem sie ihnen zu verstehen geben: »In unserer Familie ist es erlaubt, gut für sich zu sorgen.« Damit vermitteln sie etwas ganz anderes, als wenn sie die Kinder gestresst und unwillig anpflaumen würden: »Mach' schon, zieh dich an!« Das kenne ich aus eigener Erfahrung nur zu gut. Es war der Alltagsstress, dem auch ich auf den Leim gegangen bin und dem ich glaubte nicht ausweichen zu können. Eine unnötige Qual für meine ganze Familie!

Es ist eine große Erleichterung, einen Partner zu haben, der sich selbst gut tun kann. Ich muss dafür sorgen, dass meine Batterien sich immer wieder aufladen, dass ich einen Kreislauf erzeuge, der die Energie, die ich einbringe, wieder zu mir zurückführt. Ein Beispiel: Immer wieder fragen mich Seminarteilnehmer, warum weder sie noch ich nach intensiven Gesprächen und Kursen ausgelaugt sind. Meine Erklärung dafür ist, dass unsere Gespräche nicht nur in einer Richtung nach dem Motto »Ich liefere, sie nehmen« verlaufen. Vielmehr ist es ein Kreislauf von Geben und Nehmen. Ich lerne in jedem Gespräch selbst etwas Neues und bin dankbar für das Vertrauen, das mir entgegengebracht wird. Ich lerne die spezielle Situation, die individuelle Sicht der Mutter, des Vaters, des Kindes kennen. Das spüren die Beteiligten und verhalten sich dementsprechend. Anschließend beschreibe ich die Situation aus meiner Sicht, so wie ich sie anhand ihrer Beschreibungen verstanden habe, und bringe eine Vermutung, eine Idee ein, wie es wohl dazu kommen konnte. Nachdem wir diese Beschreibung passend formuliert haben, machen wir uns daran, mögliche Ideen zu entwickeln, welche Veränderung gut tun könnte.

Wenn ich das so schreibe, könnte es so verstanden werden, als ob es ein vorgegebenes Prozedere zum Finden von Problemlösungen gäbe. Aber so funktioniert das nicht. Meine Arbeit ist beziehungsorientiert, nicht lösungsorientiert. Damit meine ich: Ich habe nicht die Vorstellung, dass hier ein Problem ist und dort die Lösung. Wenn wir das eine zum anderen bringen, ist das Problem weg und das Paar glücklich. Diese mechanistische Vorstellung klappt beim Auswechseln von Glühbirnen, nicht in Beziehungen. Wir wollen nicht repariert werden, weil wir nicht kaputt sind, sondern Menschen, die immer wieder unvernünftig agieren, reagieren, und gerade diese Unvernunft unterscheidet uns vom perfekten Computer. Gerade diese Unvernunft macht uns menschlich und sympathisch.

> Das Glück ist kein leichtes Ding.
> Nur sehr schwer finden wir es in uns
> und anderswo gar nicht.
>
> NICOLAS CHAMFORT,
> FRANZÖSISCHER SCHRIFTSTELLER (1741–1794)

Der Veränderungsprozess hört nie auf

»Ich bin bis zur Unkenntlichkeit verheiratet«, sagt die forsche Frau, die mir gegenübersitzt. Ihr Mann sitzt daneben und nickt stumm. Nach einer Stunde bestätigt er ihr: »Wir haben die Romantik vergessen, wir redeten nicht mehr miteinander. Wir haben uns vernachlässigt, das ist mir nun klar. Das werde ich ändern. Wir werden unsere

Konflikte nicht mehr unterdrücken, sondern sie angehen. Dafür brauchen wir vielleicht noch einmal etwas Begleitung, aber mir ist klar, dass ich dich will, und ich will nicht mehr so weitermachen, wie wir das bisher getan haben.«

Es ist mit Beziehungen ein bisschen wie mit einem guten Auto. Sie allein entscheiden, ob daraus ein wertvoller Oldtimer wird oder eine Schrottlaube. Allein durch Ihre Pflege, Ihr Wohlwollen und Ihre Liebe.

Dabei ist unser Gehirn mit seiner Erneuerungsfähigkeit unser Verbündeter: Dr. Norman Doidge, Psychiater und Psychoanalytiker an der University of Toronto, erklärt das wie folgt: »Neuroplastizität ermöglicht es unserem Gehirn, sich ständig anzupassen, dazuzulernen, seine Struktur und Funktion laufend zu verändern. Das ist wohl die wichtigste Entdeckung der Hirnforschung in den letzten zwei Jahrzehnten. (…) Immer, wenn wir etwas wiederholen, verstärken wir die plastische Verbindung zwischen den aktiven Nervenzellen.«[6] Unser Veränderungsprozess hört nie auf. Wir haben ständig und fortwährend Möglichkeiten zur Veränderung. Ständig die Wahl, so zu bleiben wie wir sind oder uns zu verändern. Unser Gehirn liefert uns dafür offensichtlich die Grundlage.

Wichtiger als diese Möglichkeit zur Veränderung ist aber, dass wir damit aufhören können, es anderen recht machen zu wollen. Machen wir es uns selbst recht.

Wie weit es kommt, wenn man es immer allen anderen recht machen will, zeigte der große Kommunikationswissenschaftler Paul Watzlawick in einem Vortrag in den Achtzigerjahren anhand einer Geschichte von Nasreddin Hodscha:

An einem glühend heißen Tag geht ein Vater mit seinem kleinen Sohn, der auf einem Esel sitzt, zu Fuß eine staubige Straße entlang. Da kommen ihnen Wanderer entgegen, die sagen: »Schaut euch das einmal an, der Vater muss zu Fuß gehen und der junge Spross sitzt auf dem Esel und wird verwöhnt.«

Da bittet der Vater den Sohn abzusteigen und setzt sich selbst auf den Esel und weiter geht es. Da kommen ihnen wieder Leute entgegen, die sagen: »Schaut euch das an, der Alte sitzt auf dem Esel und der arme Kleine muss zu Fuß gehen, an so einem heißen Tag.«

Darauf nimmt der Vater den Kleinen zu sich herauf auf den Esel und sie reiten zu zweit weiter. Die nächsten Leute sagen: »Aber schaut euch das an. Haben die kein Mitleid mit dem armen Tier, zu zweit sitzen sie auf ihm an einem so heißen Tag wie heute.«

Da steigt der Vater ab, nimmt auch den Sohn vom Esel und zu zweit beginnen sie den Esel zu tragen. Und wieder kommt ihnen eine Gruppe entgegen … und ich überlasse es Ihnen zu erraten, was die wohl sagen werden.

Es den anderen recht machen zu wollen, führt also zu nichts. Besser, wir finden heraus, was *wir* wollen. Auf den häufigen Einwurf (der anderen), das sei »egoistisch«, gehe ich später noch ein.

Und was können wir tun, wenn Veränderungsprozesse scheinbar ins Stocken geraten oder die sich ankündigende Veränderung (zum Beispiel Trennung) für uns unerträglich scheint? Dann helfen oft folgende Übungen:

Manchmal fragen Paare nach langen einleitenden Worten: »Haben wir noch eine Chance, was glauben Sie?« Ich lade die beiden dann ein, sich einander zuzuwenden und sich einfach nur anzuschauen. Keine Worte, nur der Blick in mich und dich hinein. Ein Mann sagte, nachdem er seine Frau gut fünf Minuten angesehen hatte: »Ich sehe mich in dir.« Nach der Übung meinte er: »Das ist so verrückt, denn vorher habe ich doch gesagt, dass ich mir in unserer Beziehung so verloren vorkomme. Dabei sehe ich mich in dir.« Mit einer solchen Übung und der dazu notwendigen Zugewandtheit und kontemplativen Stimmung verlassen wir das Alltagsdenken. Wir sind in der Lage, auf das Wesentliche zu schauen und uns nicht von den vielen kleinen Dingen, die uns nerven, ablenken zu lassen. Partner und ganz allgemein Menschen möchten daran glauben, dass es gut für sie ausgeht. Das wäre auch eine gute Beschreibung für gelingende Beziehungen: Ich glaube an mich und an dich und an uns beide.

Bei anderen Gelegenheiten verweise ich darauf, dass mindestens zwei Herzen in jeder Brust schlagen. Ich nenne sie beispielsweise den ersten Markus und den zweiten Markus. Markus war ein erfolgreicher, selbstständiger Manager, dessen Frau sich nach zwanzig Ehejahren von ihm getrennt hatte. »Ich fühle mich in dieser Ehe wie bewusstlos. Ich funktioniere nur noch«, sagte sie bei unserem ersten Gespräch. »Nach seiner Krankheit vor drei Jahren, als ich viele seiner Arbeiten übernehmen musste, habe ich gemerkt, wie viel ich leisten kann, nicht nur in der Familie, auch in unserer Firma. Die Anerkennung, die ich dafür bekommen habe, hat mir die Augen dafür geöffnet, dass ich mehr Selbstständigkeit leben will. Meinen Mann bedroht das, er sieht seine Felle davonschwimmen. Er denkt: Mein Haus, mein Auto, meine Kinder, meine Frau. Da fühle ich mich wie ein Besitztum. Aber mich kann niemand besitzen, das merke ich erst jetzt sehr deutlich. Ja, ich will dazugehören, ich will Teil unserer Familie sein, aber ich will nicht mehr wie eine Angestellte gesehen und behandelt werden.« Markus sagte: »Ich habe von alldem nichts geahnt, es hat mich wie mit einem Vorschlaghammer getroffen. Deshalb habe ich blöd reagiert. Ich habe rumgeschrien, ich wollte, dass wieder alles so wird wie es war. Ich wollte diese Veränderung meiner Frau überhaupt nicht. Jetzt habe ich verstanden, dass ich meine Frau verliere, wenn ich nicht in der Lage bin, mit ihr auf Augenhöhe zu reden. Das will ich ändern.«

Ich empfahl dem ersten Markus, der das alte, unfreundliche Verhalten gegenüber seiner Frau an den Tag legte, einen zweiten Markus

hinzuzufügen. Dieser zweite Markus ist erst im Werden. Er glaubt an eine gemeinsame Zukunft und kann sich damit Zeit lassen (während der erste am liebsten sofort Ergebnisse und Entscheidungen sehen will); dem zweiten Markus ist bewusst, dass er in dieser Beziehung einen großen Teil der Verantwortung trägt (während der erste die Schuld bei seiner Frau sucht und findet). Der zweite Markus spürt sich und hat ein gutes Gefühl für die Situation (während der erste eher blind und taub und fast gnadenlos nur sein Ziel verfolgt). Der zweite Markus weiß, dass er den Schlüssel für die gemeinsame Zukunft in den Händen hält (während der erste sich eher hilflos, ja ohnmächtig fühlt, wenn die Dinge nicht so laufen, wie er will). Der erste Markus ist an seine Grenzen gelangt. Ihm gebührt Respekt und Anerkennung für das, was er geleistet hat. Er hat Markus und seiner vierköpfigen Familie ein finanziell sorgenfreies Leben in Wohlstand ermöglicht. Dieser erste Markus wird auch noch gebraucht, wenn es ums Geschäft geht, wenn rationale Entscheidungen zu treffen sind.

Aber wenn es um die Liebe geht, ist der erste Markus in seiner Unfähigkeit kaum zu übertreffen. Alle seine erlernten »Tools« funktionieren in nahen, persönlichen Beziehungen schlecht. Menschen wollen nicht wie Dinge behandelt werden. Das weiß der zweite Markus ganz genau. Dieser neue Markus ist langsam im Entstehen, er ist noch verletzlich und verliert jeden Wettstreit mit dem ersten. Die Herausforderung ist nämlich, dass uns die alten Muster sehr vertraut sind und damit fast automatisch ausgeführt werden. Immer wieder versucht das Bekannte sich dann in den Vordergrund zu drängen und die Führung zu übernehmen. Aber der neue Markus hat viele gute Eigenschaften, die er dem alten entgegensetzen kann. Wie gut, dass jede und jeder von uns diesen zweiten Bruder, diese zweite Schwester in sich trägt. Es ist ein Geschenk der Hoffnung für uns.

Gerade in den dunklen Zeiten unserer Beziehung müssen wir uns mit diesem zweiten, neuen, lichten, stärkenden Teil unseres Ichs verbünden. Wir müssen in Anschluss kommen mit uns, mit der unerschütterlichen Kraft des Lebens in uns. Erst wenn ich in Anschluss mit mir bin, bin ich in der Lage, das sinnlose Diskutieren sein zu lassen. Dann will ich über Wichtiges sprechen, nicht über Lästiges.

In Anschluss mit sich selbst kommen kann jeder, der dazu bereit ist. Jeder hat diesen erlösten Aspekt seines Seins in sich. Jeder muss sich selbst auf den Weg machen, kein anderer kann das für ihn tun. Es geht um Initiation, um Erwachsenwerden. Bei einer Initiation trenne ich mich von etwas, das ich nicht mehr sein kann, zum Beispiel vom Kindsein, vom Unverantwortlichsein, vom Ausredensuchen. Ich trenne mich vom Davonlaufen vor Entscheidungen, von Schuldzuweisungen. Bei meiner Initiation übernehme ich meinen Anteil, meine Verantwortung, ich stelle mich und stehe für das gerade, was ich getan habe.

Für Ruheinseln sorgen, Privaträume schaffen

»Ich brauche eine Pause, jetzt muss ich erst mal hier raus, joggen und meine Gedanken sortieren.« Eine Unterbrechung ist eine gute Idee, wenn es einem zu eng wird. Ich habe mich früher auf die Toilette zurückgezogen, wenn es mir zu eng wurde, mit Kindern, Partnerin, Familie und Druck im Beruf. Ich habe gelernt, wie wichtig es für mich ist, eine individuelle Strategie zu entwickeln, wenn es mir zu eng wird. Mich selbst sozusagen in Sicherheit zu bringen, bevor ich explodiere. Das hat immer wieder funktioniert. Dabei geht es aus heutiger Sicht um etwas Größeres: die eigene Ruhe. Immer wieder höre ich in Familiengesprächen: »Ich finde gar keine Ruhe mehr«,

»Ich brauche Ruhe«. Das hört sich zunächst wie eine Forderung an die anderen an: »Seid bitte ruhiger.« Wir wissen alle, das wird nicht passieren. Also muss ich selbst für meine Ruhe sorgen. Dabei ist es wichtig, sich von der Idee zu verabschieden, dass die anderen mir meine Ruhe geraubt haben.

Wenn Kinder in eine Familie kommen, verändert sich viel, besonders Ruhephasen werden rar. »Ich brauche Ruhe und ich werde dafür sorgen, dass es mir besser geht, und das richtet sich nicht gegen dich, lieber Partner, oder gegen euch, liebe Kinder. Ich sorge lediglich besser für mich. Ich sorge dafür, dass ich Ruhe bekomme. Was die angemessene Form dafür sein wird, werde ich herausfinden. Vielleicht Spazierengehen, Schwimmen, Meditation, Gartenarbeit, Fallschirmspringen, was auch immer.«

Bitte gestalten Sie diese Aussage nicht als Frage, in der ein unausgesprochenes »Darf ich das überhaupt?« oder ein »Du bist mir doch hoffentlich nicht böse?« mitschwingt. Trainieren Sie ein bisschen, um diese Aussage als klare Information zu geben. Dies erfordert zunächst Ihre innere Entschiedenheit, und für die braucht es in der Regel eine Not, die sich dadurch wenden lässt.

Ich gehe noch einen Schritt weiter, als nur zu fordern, gut für die eigene Ruhe zu sorgen. Ich halte es für elementar wichtig, in einer Partnerschaft private Bereiche zu haben. Eigene Zeit, einen Platz nur für mich, vielleicht ein eigenes Zimmer, eine eigene Truhe, einen eigenen (passwortgeschützten) Computer, einen Rückzugsbereich, der nur von mir und niemandem sonst (und wenn, dann nur auf Einladung) gesehen und betreten werden darf. Natürlich ist das für Menschen mit wenig Vertrauen und Kontrollbedürfnis eine harte Übung. Vielleicht muss ich mir diese Freiheit auch erst erkämpfen, wenn mir klar geworden ist, dass ich Ruhe brauche. Ich behaupte, dass kaum etwas die Paarbeziehung so festigt, wie sich darüber klar zu werden, wo und wie man ganz allein bei sich sein kann und was man dafür wirklich braucht. Und das den anderen (etwa den Kindern), aber vor allem dem Partner zuzumuten.

Eine gute, individuelle Nähe- und Distanzregulierung, sich Ruhe nehmen und für sich sein können – das stärkt Paare und Familien, wenn klar ist, dass dies kein Affront gegen den anderen ist, sondern ich damit etwas für mich tue.

Streit
und Frieden

Eine »erfüllte Partnerschaft« ist für 90 Prozent der deutschen Männer und Frauen das wichtigste Lebensziel.[7] Trotzdem verzeichnen Paartherapien niedrige Erfolgsquoten, weil sehr oft nur einer in der Partnerschaft Hilfe sucht oder Veränderung anstrebt. Dieses unterschiedliche Timing beim inneren Wachstumsprozess ist ein Grund, warum es in der Beziehung nur langsam vorwärtsgeht.

Paare, die es gut miteinander haben, beschreiben die Punkte, die ihnen wichtig sind und in denen sie übereinstimmen, so:

- »Wir konnten aus unserer Liebe eine echte Freundschaft werden lassen.«
- »Wir haben es geschafft, dass unsere Kinder nicht unser Leben bestimmen.«
- »Wir stimmen in den wichtigen Fragen des Lebens überein.«
- »Wir merken, dass Sex überbewertet wird.«
- »Wir können es aushalten, dass unsere Sexualität auch erwachsen wird.«
- »Wir haben aufgehört, uns in nicht enden wollenden Diskussionen im Kreis zu drehen. Jetzt können wir ›agree to disagree‹ sagen – wir sind uns darin einig, dass wir uneins sind.«
- »Wir können uns beide auf uns selbst konzentrieren, ohne uns dabei zu verlieren.«
- »Wir haben aufgehört, am anderen herumzuschrauben.«

Menschen, die in Beziehungen leben und sich auf den Weg gemacht haben, um diese Beziehungen zu verbessern, fassten ihre Erkenntnisse in unseren Gesprächen so in Worte:

- »Ich habe gemerkt, dass ich dich nicht ändern kann. Das war hart, denn jetzt musste ich ran.«
- »Zuerst wollte ich einfache Antworten und schnelle Lösungen.

Erst als ich diese Sehnsucht begraben habe, konnte ich langsam akzeptieren, dass es ›nur‹ Arbeit mit mir ist.«

- »Ich war wie betäubt, mein Leben hat gar nicht mehr stattgefunden, langsam löse ich mich aus diesem Kokon der Vergangenheit.«
- »Ich hatte meine Würde verloren, jetzt sehe ich mich immer mehr als einen Menschen, der sich selbst achtet.«
- »Du hast mich als den gesehen, der ich wirklich bin. Es tut so gut, keine Rolle mehr spielen zu müssen, dafür danke ich dir sehr.«
- »Ich habe gemerkt, dass meine Ideale nicht die Wirklichkeit sind. Es war so schwer, von den Fantasien und Idealen zu lassen. Fast hätte ich dich für diese Traumwelt geopfert.«
- »Mir wird langsam klar, dass mein Unterbewusstsein immer wieder erfundene, unwirkliche Probleme in reale verwandelt.«

Handlungsbedarf bei Konflikten – Umgang mit Streitthemen

Wenn es um die »normalen« Problemrucksäcke geht, können Sie sich durchaus selbst an die Arbeit machen. Nach meiner Erfahrung braucht es dafür vor allem Ihre persönliche Entschlossenheit: »Jetzt will ich etwas ändern, ohne dabei dir und mir zu schaden.« Menschen hingegen, die in großen Schwierigkeiten stecken, sexuellen Missbrauch erleben mussten oder aus Familien stammen, die ein schweres Schicksal erlitten haben oder schwere emotionale Probleme mit sich herumtragen, sollten keinesfalls versuchen, ihre Situation allein zu bewältigen, sondern unbedingt professionelle Hilfe bei einem Therapeuten oder Psychologen suchen.

Die Fähigkeit zur Konfliktbewältigung zählt zu den bedeutendsten Voraussetzungen für die Zufriedenheit eines Paares. Dabei stehen Ihnen Verbündete zur Seite: Ihre innere Kraft, Ihre Widerstandsfähigkeit, Ihre Fähigkeit zur Veränderung, Ihr Interesse an dem, was Sie verbindet. Das ist mehr als das, was jeder Einzelne einbringen könnte. Was können wir also tun, wenn es in unserer Beziehung kracht?

Im Streit verbunden, doch von der Liebe getrennt: Zu oft geht es um Oberflächliches, wo es doch um Wesentliches gehen sollte. Streit ist nur die Spitze des Eisbergs. Das Wesentliche (das uns weiterbringt) liegt darunter verborgen. Streiten will gelernt sein. Gutes, konstruktives Streiten gehört zur Beziehung wie die Luft zum Atmen. Doch wie das gehen soll, bringt uns keiner bei! Meistens haben und hatten wir in puncto Streitkultur keine oder schlechte Vorbilder. In meiner Herkunftsfamilie war Streit der »größte anzunehmende Unfall«. Gott sei Dank konnte ich mich davon lösen und bin jetzt in der Lage, immer wieder zu reflektieren, meine Emotionen zu ordnen, gewahr zu werden, wie es mir geht, und mich von blinder Wut zu lösen. Diese Entwicklung zieht sich durch mein ganzes Leben, und sie ist noch nicht abgeschlossen.

Der Hinweis des bekannten Gestalttherapeuten Fritz Pearls, dass wir unsere Gefühle besitzen, nicht umgekehrt, hat mir bei diesem Prozess viel geholfen, ebenso der Tipp von Jesper Juul, das Beziehungseisen müsse man kalt schmieden. Streitkultur fängt immer bei mir an. Ich bin in der Lage, meine Gefühle im Zustand der Entspannung mit denen zu vergleichen, die ich im emotional »aufgeladenen« Zustand habe, und kann selbst einschätzen, wie ich unterschiedliche emotionale »Ladungen« erlebe. Ich kann selbst beurteilen, wie angemessen mein Verhalten war. Ein Satz wie »Ich konnte mich nicht mehr beherrschen, deshalb habe ich …« ist nur eine billige Rechtfertigung und führt zu mehr vom Selben, nämlich zu Schmerz bei Täter und Opfer.

Was können wir tun? Auf die Streitthemen, die uns »geliefert« werden, haben wir ja wenig Einfluss. Beeinflussen können wir nur unse-

ren Umgang damit: ob wir direkt einsteigen und wie wir reagieren. Wir könnten uns zum Beispiel zuerst einmal beruhigen und eine Pause einlegen. Und wieder einsteigen. Bei sehr wichtigen, aufgeladenen Themen empfehle ich, zuerst den eigenen Hass anzuschauen und sich von der Person, mit der verhandelt werden soll, emotional zu trennen. Ja, ich weiß, das ist leichter gesagt als getan. Doch alle meine Bemühungen bleiben fruchtlos, wenn ich es nicht schaffe, den Inhalt (das Thema) und den Menschen, der es mir serviert, unabhängig voneinander zu sehen.

Mir war immer wichtig, einen Streit in der Paarbeziehung niemals mit in die Nacht zu nehmen. Lösen Sie ihn vorher auf, damit Sie sich über Nacht neu ordnen und das Thema später mit neuen Augen betrachten können. Schwerwiegende Themen, die einen langen Schatten auf Ihr Leben werfen und nicht »über Nacht« zu heilen sind, nehmen Sie auf Wiedervorlage. Lassen Sie sich von ihnen nicht Ihre wohlverdiente Nachtruhe rauben. Morgen sieht die Welt wieder ein bisschen anders aus, es gibt vielleicht neue Ideen, eine neue Herangehensweise, neue Kraft. Morgen kann etwas möglich sein, was heute nicht geht. Warum? Weil alles im Fluss ist und Menschen lernfähig sind.

Mit Streit meine ich nicht psychische oder physische Gewalt (darauf komme ich in einem späteren Kapitel noch genauer zu sprechen), sondern eher den nervenden Alltagsstreit, der sich ständig wiederholt. Der eher in unserem eigenen Kopf stattfindet. Die unausgesprochenen Hintergedanken, die herabgezogenen Mundwinkel, den bösen Blick, einen unzufriedenen Gesichtsausdruck, der signalisiert: Ich mach's kaputt und du kannst nichts dagegen tun. Die eigene Frustration in der Beziehung abladen, das Gegenüber zum Gefangenen meiner negativen Gefühle machen. Zu dieser Art von Streit kommt es, wenn wir »außer uns« sind.

Außer sich sein führt zu Hoffnungslosigkeit, weil ich die Dinge im Außen nicht ändern kann. Verändern kann ich nur mich selbst und meine Sicht auf die anderen und die Welt. Das erfordert Selbstdisziplin, die Kraft, mich nicht gehen zu lassen, eigene Strukturen aufzubauen. Respekt vor mir selbst, wie ich einmal werden könnte, aber noch nicht bin. Dazu ist Unverzagtheit nötig und der Mut, zu mir zu finden. Das bedeutet einen Riesenschritt in einer Zeit, in der schnelle Befriedigung, Lustkonsum, Konsumieren als solches als Ziele gelten. Ich benutze in Beratungen oder Trainings gerne das Bild vom Tennisfeld und die Regeln im Tennis als Symbol für Paarbeziehungen. Damit will ich verdeutlichen: Ich bin dann bei mir, wenn ich auf meinem Feld bleibe; es ist nicht erlaubt, über das (neutrale) Netz zu greifen, den Ball im Spielfeld gegenüber anzunehmen oder das Netz zu berühren. Ich darf den Ball schlagen, wenn er in meinem Feld ist. Und wenn ich einen langen Ballwechsel (eine lange Beziehung) haben will, ist es hilfreich, den Ball so zu spielen, dass mein Gegenüber ihn gut erreicht beziehungsweise trifft. Wenn ich jedoch so hart aufschlage, dass der oder die andere den Ball nicht einmal berühren kann, dann mache ich nur Punkte. Ich gewinne das Spiel zwar nach den Regeln, doch die Partnerschaft ist zerbrochen. Da ist es ein schwacher Trost, dass ich wenigstens Recht behalten habe.

Denken Sie selbst darüber nach, wie oft Sie im »Spielfeld« des Partners stehen, wie oft Sie sich in Dinge einmischen, die Sie nichts angehen, oder ihn ungefragt manipulieren. Gute Mittel gegen Einmischung und »Beziehungsbrunnenvergiftung« sind Pragmatismus, bei sich bleiben, Verantwortung für sich übernehmen.

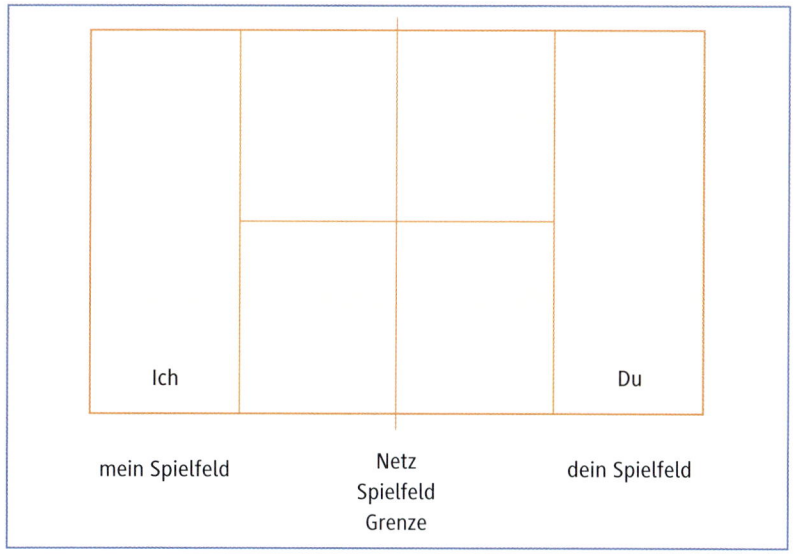

Beim Tennis ist es nicht erlaubt, übers Netz zu kommen und den Ball im anderen Feld zu spielen. So ist es auch, wenn wir gute Beziehungen wollen. Wir dürfen den Ball nicht im Feld des Gegenübers berühren, wir müssen warten, bis der Ball sich in unserem Spielfeld befindet. Konkret ist gemeint, dass wir warten sollten, bis wir eine Einladung bekommen, um z. B. etwas zu sagen. Manchmal hilft es zu fragen: »Willst du von mir dazu etwas hören?« Wenn wir ein harmonisches Spiel wünschen, müssen wir den Ball so spielen, dass das Gegenüber den Ball auch erreicht und zurückspielen kann. Dagegen wäre es nicht hilfreich, mit unerreichbaren Aufschlägen einen Punkt nach dem anderen zu machen. Dann hätte man zwar gewonnen, aber nichts zu einer Beziehung beigetragen, in der gemeinsames Wachstum im Vordergrund steht.

Die eigenen Gefühle verstehen lernen – Veränderung beginnt im Innern

Wenn wir uns selbst besser verstehen, hilft uns dies, eine freudvollere, erfülltere Paarbeziehung zu leben. Wir verbinden uns durch den Austausch von Gefühlen miteinander. Wenn es uns gelingt, unsere eigenen Gefühle zu spüren und ein einfühlsames Verständnis für die Gefühle des Partners zu entwickeln, sind das gute Voraussetzungen für persönliches Wachstum und damit Stabilität in der Paarbeziehung. Unsere Gefühle signalisieren uns, ob etwas wichtig ist und Priorität hat. Wenn wir sie mitteilen können, stabilisieren wir unsere Beziehung. Fühlen wir uns emotional verbunden, ist die Partnerschaft für uns sinnvoll. Wenn das, was wir gemeinsam haben, für mich Sinn ergibt, bin ich zufrieden. Viktor E. Frankl sagt es kurz und prägnant in einem seiner Buchtitel: »Der Seele Heimat ist der Sinn.«

Unser Bedürfnis nach Verbundenheit gibt uns Kraft, über den eigenen Schatten zu springen und dort hinzuschauen, wo es bei mir, bei dir weh tut. Indem wir an uns wachsen und uns so selbst besser verstehen, legen wir ein stabiles Fundament für uns selbst und unsere Partnerschaft. Werden Sie Ihr eigener Wegweiser, indem Sie Ihre Gefühle wahrnehmen, ohne sie gleich verstehen zu wollen.

Ein Gespräch mit Ihrem Partner über Ihre Gedanken, Erinnerungen und Gefühle beschert Ihnen beiden wichtige zwischenmenschliche Erfahrungen, die nötig sind, damit Sie und Ihr Partner sich besser verstehen.

»Die gleiche Wellenlänge haben« bedeutet nichts anderes, als sich aufeinander einzustimmen, um sich endlich verbunden und verstanden zu fühlen. Neurowissenschaftler sagen dazu: Zwei Menschen beeinflussen auf diese Weise ihre inneren Zustände gegenseitig mit Spiegelneuronen. Man könnte es auch anfängliche Sympathie nennen, aus der später Liebe wird.

Die Versuchung und der dritte Weg

Früher oder später geraten wir alle in Versuchung, Nähe, starke Gefühle oder Sexualität außerhalb unserer Partnerbeziehung zu suchen und zu erleben.

Das ist nichts anderes als der Versuch, zu sich zu kommen, Lebendigkeit zu erleben, wachsen zu können. Je seltener dieser Wunsch nach Leben in der aktuellen Beziehung erfüllt wird, desto größer ist die Wahrscheinlichkeit, dass die betreffende Person der Versuchung nicht widerstehen kann. Ja, sie scheint geradezu darauf angewiesen zu sein, um neue Lebensimpulse zu erhalten. Ich rede hier nicht von dem süßen, betäubenden Taumel, der uns ergreift, wenn die Hormone das Zepter übernommen haben, sondern von der Zeit davor – als wir noch die Wahl hatten, uns anders zu entscheiden: die ersten Blicke, das Gefühl der Verbundenheit, die Sucht nach Nähe, der Magnetismus, der seine Wirkung entfaltete. Manche behaupten, sie hätten bereits in dieser Phase keine Chance mehr gehabt. »Es überkam mich einfach so«, heißt es später.

Dieser Gefühls-Verlauf hat sehr viel damit zu tun, was davor war. Bin ich mit mir und meiner Beziehung, mit meiner Partnerin, meinem Partner im Großen und Ganzen im Reinen oder leben wir seit Jahren nebeneinander her? Haben wir es verlernt, zu uns selbst zu stehen? Verlernt, innerhalb der Beziehung wir selbst zu werden? Eine »neue« Liebe kann den alten Schwung zurückbringen, aber immer tragen beide Erwachsene die Verantwortung dafür, dass die Situation sich so entwickelt hat, wie sie es nie wollten.

Wenn zwei Menschen ihrer Ehe müde geworden sind, wenn das erfrischende Element fehlt und es so aussieht, als hätte die Liebe sich über alle Berge davongemacht, gibt es mindestens drei Möglichkeiten: Man flüchtet aus dem Gewohnten ins Unbekannte und versucht, das Verlorene mit einem anderen Menschen nochmals aufleben zu

> Die Frage ist nicht:
> Ist da draußen
> jemand? –
> Die Frage ist:
> Ist da drinnen
> jemand?

lassen. Oder man versucht, diese Gefühle zu ignorieren, flüchtet sich in Arbeit oder Kindererziehung, gibt sich und die Zukunft auf. Der dritte Weg wäre, sich an den Anfang zu erinnern, ins Gespräch darüber zu kommen, wo man den Partner verloren habe oder umgekehrt. Wie wir es zulassen konnten, diesen schleichenden Prozess der Hoffnungslosigkeit in unser Leben eindringen zu lassen. Die größte Gefahr für eine Paarbeziehung ist nämlich nicht, dass sich Paare trennen, sondern dass sie resignieren. Dieses Aufgeben kommt einem Ende des persönlichen Wachstums gleich und macht deshalb traurig und kraftlos.

Der dritte Weg bedeutet auch, sich daran zu erinnern, wie lange wir schon zusammen sind, dass auch unsere Sexualität älter, reifer – vielleicht sogar erwachsen – geworden ist. Doch wir tun so, als müsste unser Sex immer noch so viele Überraschungen bereithalten wie am

Anfang unserer Beziehung. Wenn das Heute dem Damals nicht mehr entspricht, sind wir nicht nur frustriert, sondern befürchten sofort, uns werde jetzt auch noch die Liebe abhandenkommen. Wie sieht unsere Sexualität heute aus? Darf sie so sein, wie du sie haben willst, wie ich sie haben will? Wo hängen wir noch Fantasien nach, die gar nicht mehr uns, wir wie heute sind, entsprechen? Was ist nicht mehr da, was darf neu kommen? Verwechseln wir Sex mit Lebenskraft? Meinen wir, uns nur noch so spüren zu können? Wo gibt es in meinem Leben noch Vitalität, damit ich meine Energie wieder spüre? Wo setzen wir uns so stark unter Druck, jemand sein zu müssen, der wir gar nicht mehr sind? Mehr darüber und über das Thema Macht erfahren Sie später im Kapitel »Macht und Gehorsam«.

Erinnern Sie sich noch daran, wie Sie innerlich zueinander Ja gesagt haben? Wie waren die Umstände, wie haben Sie sich damals gefühlt? Sie können einander nur neu entdecken, wenn Sie noch lebendig sind und noch Lust auf Neues – auch Risiko – haben; wenn nicht alles in sicheren Bahnen zu verlaufen scheint; wenn die Versuchung in Ihrem gemeinsamen Leben und nicht nur in einem kurzen erotischen Abenteuer stattfindet. Ich habe gelernt, dass der Reiz des Neuen schnell vergeht, wenn ich mich nicht selbst immer wieder neu erschaffe und in mir durch Wandel Lebendigkeit erzeuge. Die irrige Annahme, Sicherheit entstehe durch Verharren, durch Stillstand, ist absurd und trotzdem so weit verbreitet. Und doch ist keine/r immun gegen den verführerischen Lockruf »Neues Spiel, neues Glück«. Dieses Glück mag sich manchmal tatsächlich einstellen, aber nur, wenn der Einzelne selbst die Erneuerung ist, statt sie von außen zu erwarten. Das kann genauso in »eingespielten« Paarbeziehungen gelingen. Die größte Gefahr dabei ist, zu resignieren und die eigene Veränderung für unmöglich zu halten. Die größte Chance dabei ist, eine freundliche Zukunft für möglich zu halten. Es für möglich zu halten, dass wir uns neu erschaffen können – zumindest ein bisschen!

Schuld und Unschuld

Wir denken heute, dass wir alles von innen heraus schaffen können. Wir schmieden unser Glück und unser Leben. Das ist Nonsens. Tatsächlich kommt das Glück von außen zu einem. In unserer Gesellschaft werden die Bedingungen dafür immer schlechter. Doch man kann sich eine Umgebung schaffen, die einen verändert. Durch die Beziehungen, die man aufbaut, die Umgebung die man wählt, kann man sein Glück schmieden. Das Rezept ist: Menschen, Natur, Körperverbundenheit, Lebenssinn, Kompetenzgefühl und Selbstwertgefühl, und vielleicht ein spirituelles Bewusstsein, das hoffentlich alles durch den Kontakt mit anderen gefördert wird. Wenn Ihr Rezept schlecht ist, und Sie nicht glücklich sind, fehlen vielleicht eine, zwei Zutaten. Vielleicht haben Sie die anderen Zutaten, aber es fehlen gute, soziale Beziehungen.

DR. ALICIA FORTINBERRY UND DR. BOB MURRAY, PSYCHOLOGEN[8]

Wir sind nicht allmächtig und wir sind nicht ohnmächtig. Wir sind einem teilweise unabänderlichen Schicksal ausgeliefert (wie etwa dem Tag unserer Geburt) *und* wir bekommen eine ganze Reihe von Möglichkeiten, um tätig zu werden. Die Frage: »Erleichtert unser Zusammensein meine Mobilisierung oder fördert es meine Ohnmacht?« muss jeder selbst beantworten. Schicksalsergebenheit (Determinismus) und die Überzeugung, alles stehe ohnehin schon fest, werden auch gern dazu benutzt, um eine Schuld von sich zu weisen: »Ich konnte ja nichts machen.« Andererseits wollen uns manche Menschen oft mit Machbarkeitsfantasien ködern, verfolgen damit aber nur eigene Interessen, weil sie auf diese Weise Geschäfte machen wollen.

Das Gefühl für Schuld und Unschuld beginnt sich schon ganz früh in uns festzusetzen: Arno Gruen zitiert in einem Vortrag den Neurologen und Psychoanalytiker Sándor Ferenczi, der im Jahr 1932 zeigte, wie Kinder paralysiert werden, wenn sie elterlicher Gewalt ausgesetzt sind:

Wenn wir unsere Schuldgefühle und Selbstkritik nicht länger ertragen können, schieben wir anderen dafür die Schuld in die Schuhe.

// Schuld ist ein Gefängnis, das man sich mit
eigenen Gedanken errichtet. //

Kinder fühlen sich körperlich und moralisch hilflos, ihre Persönlichkeit ist noch zu wenig konsolidiert, um auch nur in Gedanken protestieren zu können, die überwältigende Kraft und Autorität des Erwachsenen macht sie stumm, ja beraubt sie oft der Sinne. Genau diese Angst zwingt sie automatisch, sich dem Willen des Angreifers unterzuordnen, jede seiner Wunschregungen zu erraten und zu befolgen, sich selbst ganz vergessend, sich mit dem Angreifer vollauf zu identifizieren. Mit solch einem Vorgang entwickelt sich ein Kind mit gebrochenem Vertrauen zur Aussage der eigenen Sinne.

Noch etwas Grundlegendes für jegliche dem Gehorsam ergebene Kultur geschieht während dieses Vorgangs. Ferenczi beschreibt nämlich, wie die ängstliche Identifizierung mit dem Erwachsenen im Seelenleben des Kindes auch Schuldgefühle hervorruft. Das Kind überträgt die Schuldgefühle des Erwachsenen in das eigene. Durch die Identifikation übernimmt das Kind, was der Erwachsene sich selbst nicht wissen lässt. Zusätzlich jedoch passiert noch etwas: Schuldgefühle halten die Bindung an die Eltern aufrecht, denn sie geben dem Kind die vermeintliche Hoffnung, aus eigener Kraft eine Besserung der Beziehung zu den Eltern herbeizuführen. Schuldgefühle, die einerseits das Gefühl von Wertlosigkeit auslösen, werden so andererseits zur Rettung. Sie scheinen eine Erlösung aus der unerträglichen Lage des Ausgeliefertseins möglich zu machen. Das ist eben das Paradoxon: Einerseits weisen wir Schuld ab, andererseits gibt sie uns in der Tiefe unseres Unterbewussten eine Verbindung zu den ablehnenden und bestrafenden Eltern. Das hält unser Sein zusammen. (…) Gleichzeitig wird alles gehasst, was die dahinter steckende Angst und damit die wahre Ursache des wahren Leidens aufdecken könnte. Aus diesem Grund müssen Menschen mit einer solchen Entwicklungsgeschichte alles, was zur Wahrheit wie auch zu wirklicher Liebe führen könnte, nicht nur hassen, sondern auch zerstören.

ARNO GRUEN, SCHRIFTSTELLER UND PSYCHOANALYTIKER (1923–2015)[9]

Heilung durch Versöhnung

Energie und Glück erlebe ich in Paarbeziehungen, wo jeder der Partner sich in die Lage versetzt, den anderen so zu nehmen, wie dieser ist – und auch sich so zu nehmen, wie er selbst ist. Wie versetze ich mich in diese Lage? Nach meiner Erfahrung fängt es mit den eigenen Eltern an. Schaffe ich es, meine Eltern so anzunehmen, wie sie waren, brauche ich ihnen und anderen Vorfahren keine Vorwürfe mehr zu machen und bin frei, mein Leben selbst zu gestalten. Gelingt es mir, das anzunehmen, was sie mir gegeben oder aber angetan haben, bin ich ihnen nicht mehr durch Hass oder Vorwürfe verbunden, sondern kann mich lösen. Es gibt an dieser Stelle auch nichts zu verzeihen. Statt Verzeihung braucht es Anerkennung und Trauer für das, was ich bekommen oder eben nicht bekommen habe.

Das ist kein leichter Schritt, denn dann gibt es keine Schuldigen mehr, die ich anklagen kann. Doch ich gewinne Freiheit, mit der ich (ziemlich sicher) zunächst nichts anzufangen weiß, ja von der ich mich sogar bedroht fühle.

Vorsicht! Ich will damit nicht sagen, dass wir das, was schlimm war, schönreden sollen, also etwa Misshandlungen aller Art durch andere Menschen unter den Teppich kehren sollen. Vielmehr meine ich damit, dass schlechte Erinnerungen unser Leben negativ beeinflussen, wenn wir sie nicht – in uns selbst – erlösen und heilen können. Deshalb wäre es an der Zeit, sich selbst zu heilen und anzuschauen, was ist.

Heilung geschieht, indem wir uns mit dem, was war, versöhnen und es schaffen, unser Schicksal zu lieben, statt damit zu hadern. Ohne Reklamation und ohne die Idee, es habe zu viel von diesem und zu wenig von jenem gegeben.

Ich empfehle in diesem Zusammenhang ein kleines Ritual: Nehmen Sie einen größeren Stein und stellen Sie sich vor einen Stuhl, des-

»Ich bin dressiert worden«, sagte eine Frau in einem Seminar.

sen Sitzfläche zu Ihnen zeigt. Sammeln Sie sich, kommen Sie zur Ruhe. Nehmen Sie den Stein in die Hand und sprechen Sie mit Bedacht folgende Worte: *Ich gebe dir zurück, was deins ist, und behalte, was meins ist.* Dann legen Sie den Stein auf den Stuhl. Diese kleine Übung können Sie immer wieder machen. Wenn Sie an einem Fluss stehen, nehmen Sie einen Stein, denken oder sprechen die obigen Worte und legen ihn (»gefüllt mit diesen Worten«) zurück ins Wasser. An einem Feuer nehmen Sie ein Stück Papier und legen es mit den Worten *Ich gebe dir zurück, was deins ist, und behalte, was meins ist* in die Flammen. Die Übung können Sie vor dem Einschlafen oder nach dem Aufwachen in Gedanken wiederholen.

Wer alles will, muss verzichten lernen.

Aus der Spirale der Aggression aussteigen

Ein Geheimnis für erfolgreiche Beziehungen gibt es allerdings: Hören Sie auf, sich selbst oder Ihren Partner / Ihre Partnerin mit Idealbildern zum Beispiel aus den Medien zu vergleichen. Diese Vergleiche lassen Sie selbst oder den anderen Menschen immer schlecht aussehen. Denn Sie zimmern sich aus vielen virtuellen Attributen einen Idealmenschen, den es nur in Ihrer Fantasie gibt und gegen den das echte Leben, der echte Partner, die echte Partnerin nie eine Chance haben werden. Das ist purer Selbstbetrug und schwächt Ihre Beziehung direkt und anhaltend. Manch einer fühlt sich natürlich schlecht oder gar schuldig, weil er seinen eigenen virtuellen Idealen so gar nicht entspricht, und geht auf jede vermeintliche Einladung zur Schwächung des eigenen Selbstwerts ein, etwa wenn ihn jemand kritisch anschaut, ihn aber gar nicht meint.

In einem achttägigen Selbsterfahrungskurs (in dem es im Wesentlichen um die Verarbeitung der eigenen Eltern- / Kindheitserfahrun-

// Wir glauben, wenn wir Erklärungen haben, kennen wir
die Abläufe. Die Erklärungen sind in Wirklichkeit Schnuller
zur Beruhigung unserer Neugier und Wissenssucht. //
HUMBERTO MATURANA, BIOLOGE UND PHILOSOPH[10]

gen ging) besuchten wir einen Friedhof. Jeder hatte die Aufgabe, sich ein Grab auszusuchen, sich in Gedanken hineinzulegen und zu hören, was der Verstorbene (der man ja selbst war) noch gerne getan hätte und dem Lebenden (der vor dem Grab stand) raten würde, noch zu tun. Das war eine eindrückliche Erfahrung für mich. Mir wurde in diesem Moment klar, dass alles, was ich von meinen Eltern – über mein Leben hinaus – bekommen hatte, wie eine Zugabe war. Und dass ich darauf keinen Anspruch hatte. Dass genau aber dieser Anspruch (und das Einfordern dieses konstruierten Anspruchs) an unsere Eltern – wie auch an unseren Partner – Schuld in unsere Beziehungen bringt. Schuld, indem wir Schuld zuweisen: »Weil du damals …, bin ich heute …«; Unschuld haben wir, indem wir das nehmen, was wir bekommen haben, und geben, was wir zu geben haben. Dann werden wir frei voneinander und sind frei füreinander.

// Gewalt ist immer ein Weglaufen vor dem wahren Schmerz, der seit unserer Kindheit in uns lauert. //
ARNO GRUEN[11]

Viele erinnern sich daran, dass ihre Erziehungsberechtigten sie damit unter Druck setzten, dass Liebe – oder was sie dafür hielten – nur gegen totale Kooperation zu haben sei. Dass es also schon gefährlich sei, man selbst zu sein. Wer sich für seine Eltern, Erzieherinnen oder Lehrer akzeptabel macht, zahlt dafür einen sehr hohen Preis: Sein Selbstwertgefühl wird erheblich geschwächt. Wenn das Eigene weggeschoben werden muss, muss man es manchmal sogar hassen, da es die Verbindung zu den Eltern in Gefahr bringen würde. Doch in der Kindheit ist das Überleben noch wichtiger als die eigene Lebendigkeit. So opfern wir unwissentlich unseren Selbstwert und unsere Lebendigkeit auf dem Altar des Gehorsams.

Wenn Kinder nicht dafür akzeptiert wurden, was und wie sie waren; wenn sie ständig das Gefühl hatten, nicht zu genügen; wenn sie durch Lob und Disziplinierung gesteuert wurden; wenn sie sich gut fühlten, weil sie gehorsam und damit so waren, wie die anderen es erwarteten; wenn nicht ihr Eigenes zählte, sondern nur das der anderen; wenn andere bestimmten, was die Kinder durften und was nicht, geben diese manchmal auf und begraben ihren Schmerz, bis er sich im späteren Leben gewaltsam Luft verschafft. Wenn wir unseren eigenen Schmerz nicht wahrhaben dürfen, fügen wir anderen Schmerzen zu, ohne Mitleid.

Die Autorin Ursula Buchfellner beschreibt diesen Mechanismus: Sie war das 10. Kind in einer Familie in einem prekären Münchner Stadtteil, in der es rein ums Überleben ging, Hunger war ein Teil davon. Als sie von einem Betrunkenen fast vergewaltigt wurde, beschimpft ihre Großmutter sie als Hure, statt sie zu trösten. Buchfellner kehrte als Erwachsene für drei Monate wieder zu ihrer Mutter, in ihr Kinderzimmer, zurück, um zu verstehen, wieso ihre Mutter und auch ihr Vater so sein konnten, wie sie waren. Sie hörte sich die Geschichte ihrer Eltern, als diese selbst Kinder waren, an, eine Geschichte von Vernachlässigung und Überlebenskampf.[12]

> Das Vertrauen des Partners geschenkt zu bekommen, ist vielleicht eines der größten Geschenke, die das Leben zu bieten hat.

Alternativen schließen sich meistens aus.

Wir sehen am Beispiel dieser Familie, wie alle ihr Bestes tun und auch spüren, dass das nicht genug ist, aber allein nicht aussteigen können aus dieser Spirale. Erst Ursula Buchfellner gelingt es, im Gespräch mit ihren Eltern diese zu verstehen und sich zu befreien.

Was können wir also tun, um in einen besseren Kontakt zu unserem Fühlen, zu uns selbst zu kommen? Wir können mit unserer eigenen Aufmerksamkeit zu ca. 60 Prozent bei uns bleiben, und zu ca. 40 Prozent bei den anderen. So können wir es schaffen, ganz langsam ein Gefühl für unsere Lage, unsere Bedürfnisse, unsere Nöte und Ängste zu entwickeln. Um es auf den Punkt zu bringen: Die Beschäftigung damit, wie der Partner ist, bringt *uns* nicht weiter. Die Beschäftigung damit, wie es *uns* geht, welche Beziehung wir mit dem anderen haben wollen, bringt dagegen wahrscheinlich neuen Schwung und Lebenskraft.

Ich gehe in Coachings und Weiterbildungen immer davon aus, dass in Beziehungen jeder sein Bestes tut und getan hat, Sie und Ihr Gegenüber! Dieser Annahme hat noch nie jemand widersprochen. Jeder meint nämlich, er selbst tue sein Bestes oder habe es getan, wohingegen er dies beim anderen nicht annimmt. Doch das, was wir geschaffen haben, haben wir gemeinsam kreiert. Für Schuldzuweisungen bleibt dann kein Platz mehr.

Ich bin nicht deine Gefühle – Bitte mach mich nicht falsch

Ich stand selbst unter unsäglichem Druck, als mein Sohn (er war damals 14 oder 15 Jahre alt) in das Alter kam, in dem er selbst dafür sorgen musste, pünktlich in die Schule zu kommen. Abends sagte er: »Ich steh' morgen früh um sieben Uhr auf.« Um sieben Uhr hörte ich seinen Wecker, und keiner kann sich vorstellen, wie es in mir rumorte, als der Junge um halb acht immer noch nicht aufgestanden war. Ich hatte alle Hände voll damit zu tun, *mich* zu bändigen.

Für mich bedeutete das harte Arbeit: Ich musste mit meinen Gefühlen zurechtkommen; durfte meinen Sohn nicht »falsch machen« oder beleidigen, durfte meine Unsicherheit, Angst und Wut nicht auf ihn übertragen. Damals wurde mir klar, welche Erleichterung es für mich ist, von mir zu *sprechen*: »Für mich ist es ein irrer Druck, auszuhalten, dass du nicht pünktlich in die Schule gehst. Ich will, dass du daran in nächster Zeit etwas änderst.« Damit wurde ich meinen Druck ein bisschen los, weil ich meinen Wunsch und mein Befinden ausdrücken konnte. Im Lauf der Zeit gelang es mir immer besser, es meinem Sohn zu überlassen, pünktlich in die Schule zu kommen. Ich konnte besser auf Respektlosigkeiten verzichten, die mir fast mehr weh taten als ihm. Und doch hat es viele Jahre gedauert, bis ich diese Lernschritte gegangen bin. Teilweise bin ich heute noch damit beschäftigt. Ich danke meinem Sohn für seine Geduld mit mir. Und ich möchte allen Mut zusprechen, die ihre eigenen Dämonen bekämpfen wollen. Es dauert seine Zeit, es tut weh, es verunsichert, sich selbst anzuschauen, und es ist der einzige Weg »nach Hause«.

Wir können aus unserer Haut nicht heraus, und dazu besteht auch kein Grund. Aber wir könnten anschauen, was da so alles drinsteckt. Das wäre schon mal ein Anfang.

Ich möchte noch ein zweites Beispiel anführen: Vor etwa zehn Jahren waren meine Frau und ich mit dem dreijährigen Enkel meiner Frau zu Silvester bei Freunden. Der Bub war das einzige Kind unter sechs Erwachsenen. Alles war prima, wir unterhielten uns, der Bub spielte derweil am offenen Kamin und immer wieder beschäftigten wir, meine Frau und ich, uns mit ihm. Einige Stunden lang war er ganz zufrieden, doch plötzlich wurde er unruhig und quengelig, aber nicht, weil er schon so lange allein gespielt hatte. Auslöser war vielmehr der Stress der Erwachsenen, denn wir hatten das befreundete Paar besucht, weil wir uns gerne wieder einmal zu viert unterhalten wollten. Nun waren aber auch andere Freunde gekommen, die eigentlich am frühen Abend hätten gehen sollen, aber einfach nicht gingen. Der Hausherr wurde sehr nervös und geriet unter Druck, weil er die beiden nicht einfach wegschicken und auch nicht artikulieren wollte, dass wir eigentlich unter uns sein wollten. Das befreundete Paar und auch wir waren dadurch frustriert. Ich bin fest davon überzeugt, dass der Bub unsere Spannung gespürt hat und sozusagen als »schwächstes Glied in der Kette« selbst mit Anspannung reagierte – um den Stress, der in der Luft lag, auszudrücken und / oder abzubauen. Erst am nächsten Tag auf der Heimfahrt begriffen wir diesen Zusammenhang, denn gewöhnlich war dieses Kind nicht auf-

// »Ich habe keine Worte für meine Spannung. Und ich habe ein schlechtes Gewissen, ich habe das Gefühl, irgendetwas mache ich falsch, oder bin ich falsch? Das ist mein Gefühl …«, sagt ein sehr lebendiger, aktiver Mensch. //

// Hoffnung ist nicht die Überzeugung, dass etwas gut ausgeht, sondern die Gewissheit, dass etwas Sinn hat, egal wie es ausgeht. //

VACLAV HAVEL,
SCHRIFTSTELLER UND POLITIKER (1936–2011)[13]

geregt. Es hat uns gut getan zu verstehen, dass wir Erwachsenen viel damit zu tun haben und besser auf unser Sein statt auf das des Kindes Einfluss nehmen können. Damals ist mir klar geworden, wie wichtig es ist, den anderen (aber auch sich selbst) nicht »falsch« zu machen, zu beschuldigen, passend machen zu wollen! Sondern zuerst einmal bei sich selbst zu bleiben und bei sich zu schauen: Was habe ich damit zu tun, was kann ich verändern? In den nächsten Wochen achteten wir bewusst darauf, in welcher Stimmung wir Erwachsenen in Anwesenheit der Kinder waren, und dadurch fiel es uns bedeutend leichter, deren Reaktionen zu verstehen und demzufolge mit schuldzuweisenden Zurechtweisungen aufzuhören. Es sind tatsächlich Reaktionen, die auf Aktionen der Erwachsenen folgen.

Sehr ähnlich ist es im Zusammenspiel von Paaren: Wenn Schuld im Spiel ist, will jeder möglichst der Unschuldige sein. Dann geht es nur noch darum, wer schuldig ist, und nicht mehr um die Aktion an sich und ihre Auswirkung auf die Beteiligten. Sobald wir es schaffen, Schuld und Unschuld aus dem Spiel zu lassen, weicht die Anspannung der Entspannung. Es müsste uns gelingen, jedes Verhalten als das im Moment bestmögliche zu betrachten, zu dem ich oder mein Gegenüber fähig sind. Das verändert meine Sicht total. Dann bist du nicht mehr schuld, weil du …, sondern ich kann meine Grenzen klar aufzeigen und dich so lassen, wie du bist.

Ganz am Rand

Ganz am Rand meiner Beziehung, da bin ich.
Nicht im Eck, aber auch nicht im Zentrum,
da am Rand geht es mir nicht gut,
da kann ich dich und mich nicht gut spüren,
weil wir uns da nur streifen, im Vorübergehen,

ganz am Rand ist wenig Licht,
ich will zurück in mein Zentrum,
da kenn' ich mich aus,
da gab es alles schon,
da fühle ich mich sicher.

Ganz am Rand ist wenig Licht,
ich hoffe nicht mehr, dass es von dort weitergeht,
der Rand endet,
am Rand fühl' ich mich weit weg von allem, vor allem von mir.
Wirst du noch da sein, wenn ich vom Rand zurückkehre?

Ganz am Rand ist es neu, verführerisch,
aber die Angst ist näher, als mir lieb ist.
Da am Rand ist es leicht.
Doch ganz am Rand bin ich nicht bei mir.
Und du bist nicht bei dir, an deinem Rand.

Ganz am Rand ist es leer,
da bin ich nicht bei mir und nicht bei dir.
Waren wir jemals vereint?
Dort drüben sehe ich dich,
auch du hast dich von deinem Rand abgewandt.

Ganz tief in mir habe ich meine Leiden versteckt,
da will ich nicht hin, davor bin ich immer weggerannt.
Meine Einsamkeit, meine Angst, meine Verzweiflung, meine Kontrolle,
ich schau' sie an, lerne meinen Schmerz zu wandeln.
Ich schau' auf den Rand, ganz am Rand ist niemand mehr.

Ganz tief in mir ist Mitgefühl für mein Leid,
ganz tief in mir bin ich heil.
Ganz tief in mir ist meine Familie heil,
ganz tief in mir ist Hoffnung.

In der Hoffnung verweilen, ganz tief in mir.
Vereint mit Stille, Besinnung, Vertrauen,
bei mir sein, ganz tief in mir sein.
Freude, nur noch Freude, ganz bei mir.

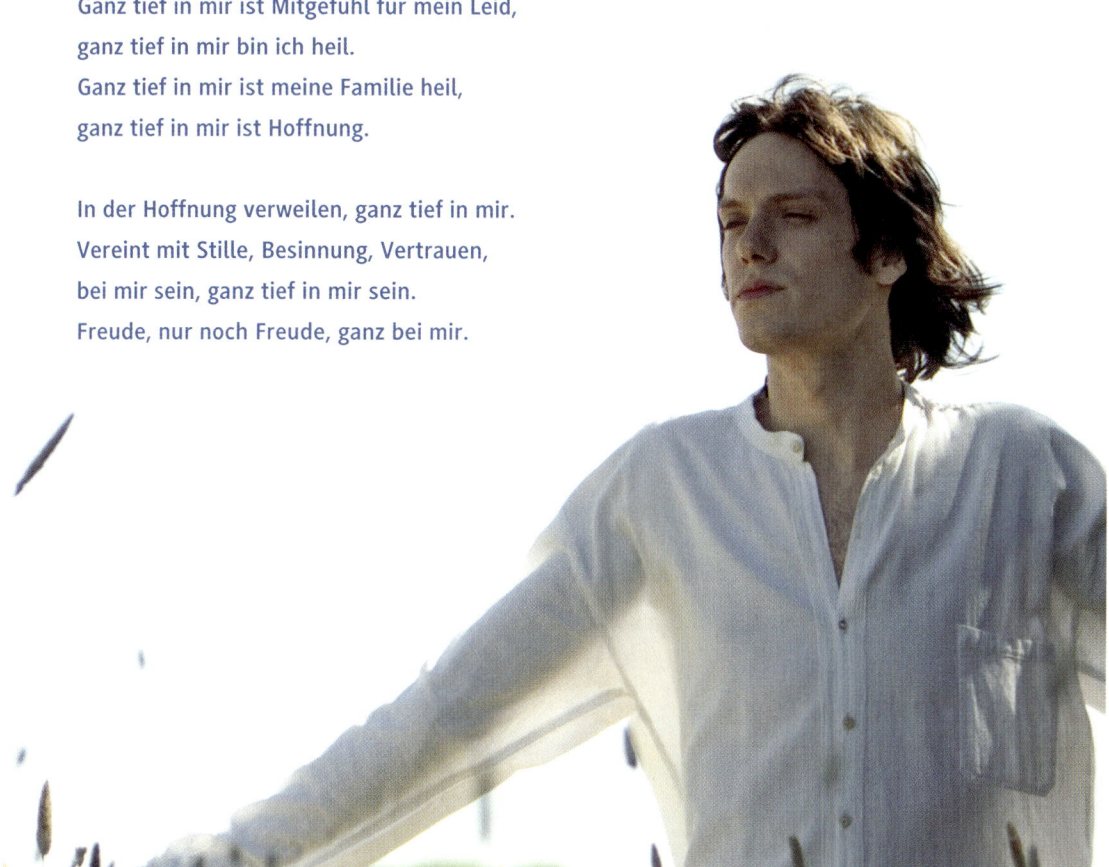

Paarbeziehungen

Männer sind anders, Frauen auch

Alles ist unterschiedlich zwischen Mann und Frau. Sie reagieren unterschiedlich, sie haben unterschiedliche Gefühle, eine andere Denkweise, sie betrachten Probleme anders, sie sehen die Welt anders. Mann und Frau sind beide in ihren Ausdrucksformen völlig gleichwertig, aber total anders. Deshalb können sie sich nicht verstehen. Versuchen Sie es erst gar nicht. Frau und Mann können ihre Unterschiedlichkeit nur anerkennen, nicht verändern.

> Die meisten Frauen setzen alles daran, einen Mann zu ändern, und wenn sie ihn geändert haben, mögen sie ihn nicht mehr.
>
> MARLENE DIETRICH, SCHAUSPIELERIN (1901–1992)[14]

Der griechische Philosoph Platon spricht im *Mythos der Kugelmenschen* davon, dass die ursprünglichen Menschen Kugelwesen waren, die aus zwei Menschen bestanden. Manche waren rein männlich, andere rein weiblich, wiederum andere hatten eine männliche und eine weibliche Hälfte. Da diese Kugelmenschen die Götter bedrohten, beschloss Zeus, sie zu schwächen, indem er sie teilte. Die Zerteilten litten schwer unter ihrer Trennung und suchten voller Sehnsucht ihre andere Hälfte. Nur in der sexuellen Vereinigung bekamen sie wieder das Gefühl, ganz zu sein. Die beiden Seelen der getrennten Kugelwesen erstreben etwas, was sie nicht benennen, sondern vielleicht nur ahnen können, und ihre Sehnsucht nacheinander bleibt ein Rätsel. Das Bild von Yin und Yang verdeutlicht für mich diese Symbolik ebenfalls: Wir stammen aus einer Quelle, sind uns ähnlich und doch von Grund auf verschieden. Genau diese Verschiedenheit ist es, die uns anzieht, neben der Sehnsucht, wieder eins zu sein.

Für mich wird im *Mythos der Kugelmenschen* deutlich, dass wir, als Mann und Frau, grundsätzlich unterschiedlich sind und uns nicht verstehen können. Denn erst als Ganzes sind wir eins. Dieser Wunsch nach Einheit und Vereinigung verbindet uns, egal ob wir gleichgeschlechtlicher oder gegengeschlechtlicher Natur sind. Doch nur indem wir wirklich Mann – oder Frau – sind, bleiben wir wirklich interessant für den von uns getrennten Teil. Diese Erkenntnis hat für mich weitreichende Bedeutung. Sie bedeutet, dass Männer Männer sein sollen und Frauen Frauen (wohlgemerkt unabhängig davon, ob sie sich als heterosexuelle oder homosexuelle Menschen fühlen). Wie werden Männer Männer und Frauen Frauen? Nun, ganz einfach: Mann sein lernt man bei Männern und Frau sein lernt man bei Frauen. Trennungsfamilien, die nicht mehr zusammenleben und fragen, welches Kind zu welchem Elternteil gehen soll, rate ich deshalb:

a. Lass dein Kind zu dem Elternteil gehen, das den anderen am meisten respektiert.
b. Lass den Sohn zum Vater und die Tochter zur Mutter gehen, so bekommen sie ein gutes Gespür dafür, wie Mannsein und Frausein in einer Familie aussieht.
c. Je mehr du den anderen Elternteil in deinem Kind schätzt, umso leichter hat es dein Kind im Leben.

Da jedem unvollkommenen, getrennten Teil der Kugelmenschen der andere Teil fehlt, zieht es sie unbändig zueinander. Das ist für beide das Ziel: beieinander zu sein. Eine erfüllte Partnerschaft kann es geben, wenn beide dem Partner geben, was sie haben, und vom Partner nehmen können, was ihnen fehlt. Dann kann der Mann ganz Mann sein und die Frau ganz Frau. Der Mann hat etwas, was die Frau nicht hat, und umgekehrt. Beide brauchen das Geschenk des anderen. Er schenkt ihr seine Männlichkeit, sie schenkt ihm ihre Weiblichkeit. Als Paar (natürlich ebenso als homosexuelles Paar) können Sie etwas erschaffen, was der Vereinigung zum Kugelwesen ähnelt: eine enge Beziehung. Ihre Beziehung ist wie etwas Drittes, wie ein gemeinsames Kind, sie ähnelt Ihnen beiden und ist doch etwas Eigenständiges, das sich nicht vereinnahmen lässt. Das Paar schenkt sich gegenseitig das, was jeder für sich genommen nicht haben kann. So werden beide heil und wieder eins.

Gleichwürdigkeit beider Partner als Basis einer belastbaren Paarbeziehung

Betrachten Sie die nun folgenden Ausführungen als Anregung. Was für Sie stimmt, entscheiden Sie. Paarbeziehungen gelingen, wenn sie von Gleichwürdigkeit getragen sind; dann sind beide Menschen ebenbürtig. Beide brauchen einander. Sobald der eine Partner versucht, wie ein Elternteil zu sein, indem er sich zum Beispiel besserwisserisch gibt, oder sich ein Partner wie ein Kind, etwa bedürftig, verhält, geht es schief. Die beiden begegnen sich nämlich nicht mehr auf Augenhöhe, doch genau die wäre für ein gemeinsames Wachstum nötig.

Gleichwürdigkeit, also »von gleicher Würde«, bedeutet in diesem Zusammenhang, dass ein Partner sich nicht kleiner macht, als er ist. Mit Sätzen wie »Wenn du mich verlässt, kann ich nicht mehr weiterleben« stellt sich ein Täter als Opfer dar. Statt zu wachsen und alles zu tun, um mit dem Partner auf Augenhöhe zu kommen, jammert er (oder sie) und versucht, auf diese Weise seinen Willen durchzusetzen. Das führt geradewegs zur Trennung, weil die beiden auf dem besten Weg sind, sich nicht mehr ernst zu nehmen.

Wer versucht, sich gegenüber seinem Partner als besserwisserisch oder fähiger darzustellen, sich also größer zu machen, als er ist oder zu sein braucht, der wird ebenso Schiffbruch erleiden wie der andere Partner, der versucht, sich als klein, hilfebedürftig oder unwissend darzustellen. In beiden Fällen fehlt die Augenhöhe und damit wird Wachstum für beide unmöglich. Diese Posen oder Masken sind kein Teil unserer Identität, sondern gehören zu unserem Korsett, unserem Panzer, den wir uns im Lauf der Zeit zum Selbstschutz zugelegt haben. In früheren Zeiten war dieser Schutz vielleicht überlebensnotwendig, jetzt hoffentlich nicht mehr.

Und doch fallen wir in die damaligen Mechanismen zurück. In einer Paarbeziehung haben wir jedoch die wunderbare Möglichkeit, uns gegenseitig vertrauensvoll die Hand zu reichen, endlich diese Masken und Posen abzulegen und uns immer freier zu fühlen. Wir brauchen sie heute nicht mehr, können sie aber wenn nötig jederzeit wieder aktivieren. Damit haben Partner endlich die Wahl, ob sie eher sie selbst sein oder eine Maske tragen wollen.

Wer nicht zu seiner wahren Größe stehen will, wird seine Paarbeziehung nicht aufrechterhalten können. Einer der beiden wird die Belastung, die eine ungleichwürdige Beziehung darstellt, nicht mehr aushalten – und gehen.

Mein Mann sagte, entweder er oder die Katze. Ich vermisse ihn sehr.

Ja sagen zum Alltag

Möchten Sie einen Vorschlag hören, wie Paarbeziehungen langfristig gelingen können? Erkennen Sie an, dass Alltag zu jeder Beziehung gehört. Die Frage ist, was man daraus macht. Ob man verzagt, weil die Romantik sich verabschiedet hat, oder ob man den Alltag annimmt und aktiv gestaltet. Natürlich gehören wiederkehrende Abläufe zu unserem Leben. Das sorgt für Berechenbarkeit und Sicherheit. Bringen Sie sich und Ihrem Partner Wertschätzung entgegen: »Ich liebe dich, weil …«, »Es tut mir gut, wenn du …« Kleine Geschenke erhalten die Liebe. Überraschen Sie mit etwas, für das Sie ein bisschen Mühe aufwenden müssen. Besorgen Sie die Marmelade, die Ihre Frau besonders liebt. Oder für Ihren Mann eine Eintrittskarte für das Formel-1-Rennen. Gestalten Sie so immer wieder ein kleines Abenteuer füreinander. Und: Lassen Sie die Trauer darüber zu, dass der Alltag nicht so verführerisch ist wie eine neue Bekanntschaft. Wenn die Trauer über diesen Verzicht da sein darf, macht sie Sie stark, ja fast immun. Diese Trauer setzt die Vor- und Nachteile einer langjährigen Beziehung ins richtige Verhältnis: Ich kann nicht mehr alles haben, ich bin zufrieden mit dem, was ich habe, ich kann auf anderes verzichten. Diesen Verzicht mute ich mir und dir zu. Das ist kein Plädoyer für Treue. Treue ist die Folge von Verzicht und die Trauer darüber. Treue ist die kleine Cousine von Besitzdenken und Gehorsam. Treue ist ein Machtanspruch: Wenn …, dann … Wenn Treue freiwillig gegeben wird, fällt sie leicht. Wenn sie zur Bürde wird, dann müssen wir reden.

In fast jeder meiner Paarberatungen wird der Wunsch nach mehr Klarheit und einer besseren Kommunikation geäußert. Viele wollen in der Regel nicht über ihre Beziehung sprechen, sondern über den anderen: was er tut, was er nicht tut, vor allem was er tun sollte. Und über seinen Anteil daran, warum die Beziehung so geworden ist, wie sie jetzt ist.

Wenn Paare hingegen das Gespräch über ihre Beziehung suchen, bedeutet das meistens, dass es ernst wird, dass diese Beziehung sich ganz anders entwickelt hat, als mindestens einer der beiden Beteiligten es sich vorgestellt hat. Sie spüren instinktiv, dass sie mit Schuldzuweisungen, Unterstellungen, also mit dem bisherigen »Werkzeugkasten«, nicht mehr weiterkommen.

Eine nicht zu unterschätzende Wirkung haben dabei unsere Erwartungen, was eine sogenannte »gute« Beziehung ausmacht. Nicht selten ähneln diese Erwartungen bunten Werbefotos oder -filmen von glücklichen Paaren. Aber wir sollten uns immer wieder ins Gedächtnis rufen: Diese heile Welt ist inszeniert, danach findet wieder das echte Leben statt, mit allen Höhen und Tiefen, die es eben gibt. Wie oft habe ich in Beratungen und bei mir selbst erlebt, wie diese Bilder als Illusionen in unserem Kopf herumschwirren und unser tatsächlich gelebtes Leben unvollkommen erscheinen lassen. Doch der Vergleich hinkt! Es ist nur das Ideal in unseren Köpfen, das unser echtes Leben so unbefriedigend aussehen lässt. Das ist auch keine Kunst, denn unsere Gedanken ändern wir schnell, und schon ist eine neue Fantasie geboren, die unsere aktuelle Beziehung »alt« aussehen lässt.

Im Folgenden möchte ich zuerst auf unsere gewohnte Art, auf Paarbeziehungen zu schauen, eingehen. Wenn wir diesen Blickwinkel ändern können, gelingt es uns eher, mit Konflikten anders umzugehen. Darum wird es im nächsten Kapitel gehen.

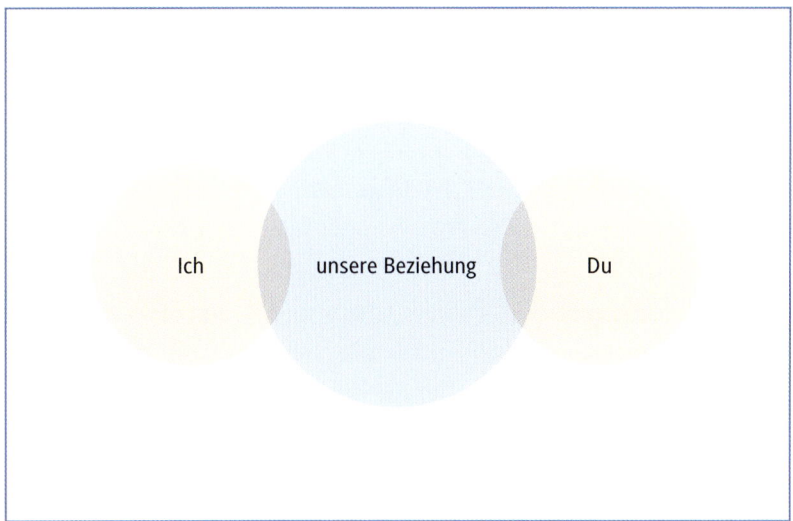

Die Form und Qualität unserer Beziehung verändert sich ständig, sie oszilliert, ist mal größer, mal kleiner, je nachdem, wie jeder von uns sich fühlt.

Beziehungen entziehen sich der Kontrolle und dem Wunsch nach Ordnung

Manche sind der Meinung, Paarbeziehungen oder gar Ehepartner könne man wie ein Auto instand halten oder setzen. Doch Beziehungen und Ehepartner lassen sich weder reparieren noch langfristig manipulieren. Das zeigen die vielen wirkungslosen Paartherapien und Paarcoachings.

Manipulation wirkt wie ein Beziehungsgift. Schon wenn einer Luft holt, um den manipulierenden Satz zu formulieren, flieht der Angesprochene, weil er Fremdsteuerung wittert. Mit Goethes Worten: »So fühlt man Absicht und man ist verstimmt.«[15] In unseren Köpfen herrscht die Meinung, dass Beziehungen, in denen Ordnung und Harmonie herrschen, gute Beziehungen seien, von Chaos geprägte Beziehungen hingegen schlecht. Dabei durchlaufen unsere Beziehungen immer wieder beide Stadien: Chaos und Ordnung. Und unsere Versuche, durch Kontrolle ein für alle Mal Ordnung herzustellen, scheitern immer wieder. Ein Beispiel ist die versuchte »Treuegarantie« »bis dass der Tod uns scheidet«. Natürlich will kein Paar am Anfang schon auf das Ende schauen! Aber dem Partner für etwas, was niemand garantieren kann, eine Garantie geben zu wollen (auf die sich in Krisenzeiten nicht wenige berufen), halte ich für den Versuch, die großen Gefühle des Anfangs ins »Unendliche« zu projizieren – ein zum Scheitern verurteiltes Unterfangen, das statistisch gesehen bei der Hälfte der Paare schiefgeht und bei dem sich ein Drittel der Betroffenen trennt.

Paarbeziehungen funktionieren anders. Ich bin, wie gesagt, der Meinung, dass die Paarbeziehung etwas Eigenständiges ist. Etwas, das sich ergibt und nur durch meine eigene Veränderung zu beeinflussen ist, jedoch nicht durch Kontrolle, Bevormundung, Gehorsam. Beziehungen kann man nicht in den Griff kriegen. Meiner Ansicht

nach entwickeln Paarbeziehungen eine Art Eigenleben, gesteuert von Grundgefühlen der Partner wie beispielsweise Angst, Aggression, Trauer, Liebe, Sexualität. Die Auswirkungen dieser Gefühlssteuerung sind chaotisch, unvorhersehbar. Ich finde die Sicht auf unsere Paarbeziehung als etwas Eigenständiges aber nicht nur charmant, sondern sehr hilfreich. Sie wird dadurch nicht nur als die Folge dessen gesehen, was du und ich beisteuern, sondern ist auch ein Ausdruck dessen, was sich in unserem Unbewussten abspielt. Sie ist das Resultat unseres Handelns, Fühlens und Denkens. Und dabei hochkomplex. Der Zustand unserer Beziehung gibt uns Aufschluss darüber, was bisher passiert ist und was es jetzt braucht, damit es dir und mir wieder so gut geht, wie es uns gehen kann.

Anhand eines Experiments, das ich am Lehrstuhl für Physik der Universität München (LMU) beobachtet habe, versuche ich das zu erläutern: In einem Schaukasten der LMU sah ich das Experiment zum chaotischen Doppel-Drehpendel aufgebaut, dessen Bewegungen sich niemals wiederholen. Dieses Doppelpendel zeigt bereits bei zwei Verbindungspunkten ein nicht mehr vorhersagbares Verhalten. Der Text der Versuchsanordnung lautete: »Am simplen Modell des Doppel-Drehpendels lassen sich die wichtigsten Grundzüge solch komplizierter Vorgänge (wie z. B. dem Wetter) studieren. (…) Während sich beide Pendel einzeln sehr präzise in ihrem Verhalten mathematisch beschreiben lassen, ist dies bei den gekoppelten Pendeln langfristig nicht mehr möglich. Dies liegt vor allem daran, dass geringste, nicht vorhersehbare oder erfassbare Einflüsse in bestimmten Schwingungszuständen große und weitreichende Folgen haben.«

Nachdem ich dieses Modell und den erklärenden Text dazu gesehen hatte, dachte ich, dass man damit genauso gut auch Paarbeziehungen beschreiben könnte.

Dass unsere Beziehungen etwas Eigenständiges sind, merken wir besonders dann, wenn aus dem Paar eine Familie wird, das heißt, wenn das erste Kind zur Welt kommt, weitere Kinder in die Familie hineingeboren werden oder aus früheren Verbindungen dazukommen. Auch hier sind wir nicht in der Lage, unsere sich dramatisch verändernden Beziehungen zu steuern oder zu kontrollieren. Millionen Eltern haben diese Erfahrung gemacht, und je erfahrener die Eltern mit jedem weiteren Kind wurden, desto besser wussten sie, wie wenige Grenzen es braucht, um miteinander in Frieden zu leben. In unseren Seminarleitertrainings sitzen immer wieder erfahrene Mütter und Väter mit vier und mehr Kindern, die nur schmunzeln, wenn Paare, die noch am Anfang ihrer Entwicklung als Eltern mit nur einem Kind stehen, von ihren Alltagsproblemen berichten. Oft heißt es dann lakonisch: »Das hört spätestens nach dem dritten Kind auf, das schaffst du nämlich einfach nicht mehr.« Und das ist auch gut so. Aber es ist auch immer wichtig, die richtigen Rahmenbedingungen zu schaffen, um Kinder und Partnerschaft miteinander zu vereinbaren: Meine zweite Frau und ich sind jetzt seit bald zwei Jahrzehnten ein Paar. Wir hätten die gemeinsame Zeit nie mit so viel Freude und als Kraftquell erlebt, wenn wir (sofort oder auch später) zusammengezogen wären. Bis heute haben wir zwei getrennte Wohnungen, in denen sich auch unsere Büros befinden, da wir beide selbstständig sind und zuhause arbeiten. Als wir uns kennen lernten, hatten wir beide jeweils zwei Kinder aus unseren ersten Ehen. Es wäre für mich damals unmöglich gewesen, zu sechst zusammenzuziehen. Ich wäre nicht in der Lage gewesen, auf die Bedürfnisse von sechs sehr unterschiedlichen Persönlichkeiten im Alter von sechs, acht, zwölf, 14 und (wir beide) 45 Jahren einzugehen. Das hätte mich zerrissen. Dass getrennte Wohnungen eine gute Wahl sein können, hat sich für mich (und für uns) bis heute bewahrheitet. Wir haben nicht versucht, eine neue Familie zu werden, denn das waren wir nicht. Die Kinder meiner zweiten Frau wohnten bei ihr und bekamen so nicht den Eindruck, dass ich als »Eindringling« auftrat. Wir verbrachten gemeinsam schöne Urlaube und haben bis heute ein – wie ich es nennen möchte – Vertrauensverhältnis. Meine zweite Frau hat sich um ihre Kinder gekümmert, ich habe mich, mit der Mutter meiner Kinder, um meine Kinder gekümmert. Das war gut so, weil die Kinder dadurch nicht in eine konfliktbeladene Nähe gezwungen wurden, die ja nur wir Erwachsenen haben wollten.

Ich kann gut verstehen, dass dies kein Konzept für andere Paare ist. Aus vielen Gesprächen mit Patchworkfamilien weiß ich aber, wie hochkomplex die Liebesbeziehung der Erwachsenen werden kann, weil die Kinder ja nicht verliebt sind, sondern im Gegenteil viel Liebe für den getrennt lebenden Elternteil empfinden. Als verliebte Erwachsene setzen wir – einfach so, nur weil wir es wollen – bei den

Kindern des Partners eine Freundlichkeit voraus, die nicht automatisch vorhanden ist. Daraus kann vielleicht eine Freundschaft werden, wenn man das Glück hat, sich zu mögen; doch es kann sich eben auch eine starke Ablehnung entwickeln, die einerseits aus der Loyalität zum eigenen Vater (oder zur eigenen Mutter) gespeist wird, andererseits daher rührt, dass nicht die Kinder sich verliebt haben, sondern ihre Mutter (oder ihr Vater). Aufgrund unserer Mehr-Wohnungs-Situation sind wir damals vielen sinnlosen Streitsituationen aus dem Weg gegangen, die nur dadurch entstanden wären, dass wir zu nah aufeinandergesessen und die Kinder gezwungen gewesen wären, sich mit einem »fremden« Menschen auseinanderzusetzen, der plötzlich an der Seite ihrer Mutter (oder ihres Vaters) auftaucht.

Eine Patchworkfamilie kann gelingen, wenn die Erwachsenen viel reflektieren und viel Geduld, Zeit und Kraft für sich und die Kinder aufbringen können und in der Lage sind, auch zum vorherigen Partner einen freundlichen Kontakt herzustellen. Das sind viele Wenn. Wir können einander nicht einfach respektieren, nur weil wir in einer zusammengewürfelten Patchworkfamilie dazu verpflichtet werden. Erwachsene erwarten in dieser Beziehung zu oft zu viel von ihren Kindern.

Probleme in der Partnerschaft entstehen dort, wo unsere Aufmerksamkeit noch nicht hinreicht oder wo wir etwas nicht sehen wollen oder sehen können. Wie verbessere ich konkret die Situation für mich selbst und meinen Partner? Dazu wollen wir uns zunächst weniger auf »dich« und »mich« konzentrieren, sondern auf unsere Beziehung. Es hilft außerordentlich, die Qualität Ihrer Beziehung genauer anzuschauen. Es ist faszinierend, wie sich Beziehungen unterscheiden, keine gleicht der anderen. Jede resultiert aus dem Zusammenspiel von mindestens zwei – immer unterschiedlicher werdenden – Menschen. Dabei spielen unsere Herkunftsfamilien, unsere Traditionen, was wir für richtig und falsch halten und vieles mehr eine nicht zu unterschätzende Rolle.

Eine Beziehung ist, wie ein gemeinsames Kind, unser beider Geschöpf, und genau so sollten wir auch mit ihr umgehen. Ich bin der Meinung (und habe es hundertfach erlebt), dass man Kinder im Wesentlichen nicht erziehen, sondern nur begleiten kann, und dies geschieht am besten, indem wir ihnen ein Vorbild sind. So ist es auch mit unserer Beziehung: Im Wesentlichen entwickelt sie sich selbst, aus uns beiden heraus.

Wir können sie nicht nach Gutdünken steuern oder einseitig manipulieren. Beziehung passiert uns, sie ist kaum vorhersehbar, nicht planbar, oft chaotisch. Die wesentliche Beziehungsfrage an beide Partner lautet demnach: Sind Sie der Meinung, dass Sie diese Beziehung herstellen können? Meinen Sie, dass die Beziehung das Produkt Ihrer Interventionen ist oder sich letztlich von selbst entwickelt? Eigentlich ist das die Frage nach Ihrer Einstellung zum Menschsein an sich. Glauben Sie zu wissen, wie »richtiges« Menschsein geht, wie der andere zu sein hat? Sind Sie der Ansicht, Sie müssten Ihre Mitmenschen eher kontrollieren oder sich selbst von anderen antreiben lassen?

In Paarseminaren folgt auf diese Fragen gleich die Gegenfrage: »Aber kann ich denn gar nichts tun?« Meine Antwort: Wir sind nicht allmächtig, aber auch nicht ohnmächtig. Wir sind Beziehungen nicht hilflos ausgeliefert. In einem begrenzten Rahmen können wir sie steuern. Oft jedoch werden wir gesteuert. Das geht schon beim Verlieben los: Wir können uns nicht absichtlich verlieben oder vermeiden, uns zu verlieben. Allerdings können wir entscheiden, ob wir uns dem Verlieben – scheinbar hilflos – hingeben oder bewusst eingreifen wollen. Diese Wahl haben wir immer.

Was kann ich tun, wenn es kracht?

Wir kommen in Paarbeziehungen immer wieder an einen Punkt, an dem wir nicht mehr weiterwissen. Das ist der Moment vor einem möglichen Wachstumsschub. Wie im Kindesalter gibt es Wachstumsschmerzen, die tun manchmal weh. Da wäre es klug, sich zu sammeln, in einer kurzen Auszeit (jeder für sich) neu zu sortieren und zu überlegen, wo man steht und was mit einem passiert ist. Darüber zu reflektieren, was die tiefer liegenden Antreiber für das eigene Verhalten sein könnten. Dabei lösen Sie sich ganz von Vorstellungen, wie es wäre, wenn Ihr Partner anders wäre. Darum geht es nicht. Wenn Sie wieder ins Gespräch kommen, müssen *Sie* für sich überlegt haben, wie *Sie* etwas tun können, um das Gemeinsame zu stärken. Fragen könnten sein: »Wie kommt es, dass ich den anderen so aggressiv anschreie? Hat sich da in mir etwas angestaut? Ist es eine Reaktion auf ihn / sie oder die Kinder? Stehe ich beruflich unter Druck? Bin ich so still oder weinerlich, weil ich glaube, mich nicht anders verständlich machen zu können? Hat meine Aggressivität vielleicht mit meiner Kindheit zu tun, hat sich mein Vater mir gegenüber so verhalten? Habe ich da etwas übernommen, was ich an ihm gehasst habe und wofür ich mich jetzt eigentlich schäme, weil es aus mir genauso herausbricht und ich gar nicht damit umzugehen weiß?«

Ich weiß nicht, welche Frage Sie sich selbst stellen könnten. Ich weiß nur, dass der Schlüssel zur Stärkung in diesen Reflexionen liegt. Was ich dazu tue und was mir hilft, macht es dir leichter. Ganz konkret können Sie überlegen, was Ihr eigener Anteil ist, zum Beispiel durch Fragen wie »Bin ich einfach nur frustriert, dass es nicht weitergeht?« Wenn das so ist, dann wissen Sie das und können genau das auch gegenüber Ihrem Partner aussprechen: »Ich bin so frustriert, dass es nicht weitergeht.« Sie wissen aus eigener Erfahrung: Im Endeffekt sind es eher unsere Taten als unsere Gedanken, die wirklich zählen. Angemessenes Handeln löst verfahrene Situationen auf. Beginnen Sie mit einem gemeinsamen Gespräch und danach mit hilfreichem Tun, einem Tun, das Sie und Ihren Partner stärkt statt zu schwächen. Den Unterschied spüren Sie sofort. All das ist ein Schritt aufeinander zu. Es ist meine Heilung, die bei mir anfängt, und es ist eine große Freude, wenn wir uns das Leben auf diese Art leichter machen können.

Die persönliche Weiterentwicklung durch Reflexion ist deshalb so essenziell, weil ein bloßer Austausch der »Spieler« im Beziehungsspiel, etwa durch Trennung, nicht viel bringt. Ich werde mich wieder in einen ähnlichen Typ Mensch verlieben, mit dem ich meine Themen bearbeiten kann und muss. Alles wird, mit anderen Vorzeichen, dort weitergehen, wo ich aufgehört habe. Da gibt es keinen anderen Ausweg, als bei mir selbst anzufangen. Dazu brauche ich die Perspektive von außen, die Unterstützung des anderen. Zum Frieden braucht es genau **uns** zwei …

Was ich außerdem tun kann, wenn es kracht, ist, über mich zu sprechen: »Mir geht es grade nicht gut mit mir … Ich fühle mich so … Mir geht es nicht gut, wenn du … Ich weiß gar nicht, was ich sagen soll, wenn du … Mir tut es weh, wenn du …Ich muss nachdenken, was ich tun kann, wenn …« Indem Sie von sich sprechen, zeigen Sie sich, wie Sie fühlen, wie Sie sind. Damit kann Ihr Gegenüber Sie wahrnehmen, ein bisschen in Ihre Seele schauen. Es kann von ihm als Einladung wahrgenommen werden, von sich selbst zu sprechen. Dann begegnen wir uns jenseits von Richtig und Falsch, jenseits von ausschließenden Interessen. So kommen Sie immer mehr in Einklang miteinander. Gute Voraussetzungen für eine starke, belastbare Partnerschaft!

Und dabei muss man zuhören (bitte wirklich hinhören!), was der Partner zu sagen hat. Denken Sie als Frau daran, dass Männer ein Recht haben zu schweigen. Und dass Männer manchmal ein bisschen freundliche Unterstützung brauchen, damit sie den Mund aufmachen. Sie brauchen mit dem Gehörten nicht viel zu unternehmen. Lassen Sie es nur auf sich wirken. Und wenn es etwas auslöst in Ihnen, teilen Sie das mit: »Was du sagst, bringt mich zum Nachdenken.« oder »Wenn du nichts sagst, verunsichert mich das.« Die einzigen Zutaten, die Sie brauchen, um gut zuhören zu können, sind Gegenwärtigkeit, im Augenblick sein zu können. Das können wir alle, wir praktizieren es nur zu wenig.

Bitte denken Sie auch beide daran, nichts (im Affekt) zu sagen oder zu tun, was Ihnen, dem Partner oder den Kindern schadet. Und machen Sie das ruhig öffentlich: »Ich will nichts tun, was dir oder mir schadet, ich muss diese Situation verändern …«

// Hass fängt an mit Selbsthass, und Selbsthass fängt an,
weil das Eigene nicht erkannt,
nicht akzeptiert wird. //
ARNO GRUEN[16]

Wenn es ein Geheimnis bei der Trennung meiner ersten Ehe gab, war es vielleicht das: Wir haben uns daran gehalten, niemandem zu schaden. Eine Frau sagte mir in einem Vortrag: »So ein Quatsch! Sie haben sich doch getrennt, damit haben Sie doch Ihrer Frau gescha-det.« Eine andere konterte wie aus der Pistole geschossen, bevor ich antworten konnte: »Aber bedeutet das, dass er in der Beziehung hätte bleiben sollen, um jeden Preis?« Die andere: »Genau!« Ich konnte nur darauf hinweisen, dass dies eine *theoretische* Diskussion war, die man endlos führen könnte. Sicherlich gibt es solche und solche Trennun-gen und Beziehungen. Für mich und meine Frau war es damals die angemessene Lösung, uns in Frieden zu trennen. Beziehung ist im-mer eine Spezialanfertigung. Was für Sie passt, entscheiden Sie.

Mit unserem Verhalten können wir den Verlauf unserer Beziehung beeinflussen: Es ist etwas anderes, ob ich nach unserem Streit meinen Anteil daran reflektiert habe und abends mit Blumen nach Hause komme. Und zwar nicht, um mir Frieden zu erkaufen, sondern um freundlich eine Hand zu reichen. Und meinen Beitrag zum Frieden zu leisten, denn zum Krieg reicht ja bekanntlich einer.

Alle Versuche, Beziehungen moralisch oder eben überhaupt zu definieren, scheitern. Treuemaßstäbe und Besitzdenken (mein Haus, mein Auto, meine Frau, meine Kinder …) haben sich in den letzten Jahrzehnten wesentlich verändert und das ist gut so. Die Kraft unserer Beziehungen liegt gerade in ihrer Vielfalt und ihrer Veränderlichkeit. Unsere Beziehung entwickelt ihre eigene Dynamik durch das, was du und ich dazu beitragen. Diese besondere Beziehung ist nur zwischen dir und mir möglich. Wir haben uns ineinander verliebt, weil nur wir beide all das miteinander haben können (genau diese Kinder miteinander, genau diese Zeit miteinander). Unsere Möglichkeiten haben sich getroffen und ineinander verliebt. In meinem Buch *Chancen verlieben sich* gehe ich darauf tiefer ein.

Beide Partner erleben Beziehung als sinnvoll, wenn sie in ihrer Unterschiedlichkeit genügend Gemeinsamkeit erfahren. Unser Verhalten beeinflusst, wie wir miteinander umgehen. Und in Streitsituationen (und nicht nur da) ist es sehr empfehlenswert, Verhalten und Person voneinander zu trennen: »Ich liebe dich als meinen Mann, aber dein Alkoholkonsum ist für mich nicht mehr tragbar. Ich will, dass sich daran was ändert.« Mit dieser Botschaft mache ich mein Gegenüber nicht falsch. Ich sage: »Ich liebe dich als meinen Partner, aber dies und das ist für mich unerträglich. Bitte ändere das.« Mit dieser Botschaft sorge ich für mich, für meine Integrität, ich drücke aus, was mir auf die Nerven geht, ohne dich als Menschen anzugreifen. Denn ein Kommunikationsfehler passiert uns in diesem Zusammenhang ständig: Wir wollen auf der Inhaltsebene eine sachliche Kritik anbringen, die jedoch auf der Beziehungsebene geäußert wird: »Hör endlich auf zu trinken.« Das Gegenüber reagiert darauf dann so, als hätten Sie gesagt: »Ich liebe dich nicht mehr.« Und wir wollen nicht falsch gemacht werden als Mensch in unserem Sosein. Ein Verhalten kann zwar schlecht, unangemessen oder gar destruktiv sein, aber eben nicht die Person, die das Verhalten zeigt. Es ist möglich über unser Verhalten zu reflektieren: »Ich trinke etwas zu viel weil …«, etc. Verhalten und Person zu trennen kann ein Schlüsselfaktor sein bei der Gesundung der Beziehung zwischen dir und mir. Versuchen Sie deshalb so zu formulieren, dass es nicht als Angriff auf die Person wahrgenommen wird, sondern als Bemerkung über das jeweilige Verhalten: »Ich mag, wenn du …, aber ich mag überhaupt nicht, wenn du … das und das tust.« Diese unbedingte Wertschätzung, die nicht an Bedingungen geknüpft ist, sondern dem anderen das Gefühl vermittelt, angenommen zu sein wie er ist, kann die Basis für einen neuen Umgang miteinander bilden. Seine Sie hart in der Sache, aber verständnisvoll zum Menschen.

> Liebe entwickelt man in sich selbst, Liebe ist eine Aktivität.

Klar werden mit mir und unserer Beziehung

Unsere Paarbeziehungen spiegeln das wider, was wir bewusst und unbewusst hineingeben. Eine unerfüllbare Erwartung ist dabei, dass alles so bleibt, wie es ist. Unsere Beziehung verändert sich ständig auf ein vollständigeres Bild von mir und dir hin. Beziehungen sind dazu gedacht, uns etwas zu ermöglichen, was wir allein nicht haben können, zum Beispiel nicht allein zu sein oder unseren Wunsch nach Sicherheit, Verbundenheit, nach Sexualität, nach Individualität und Autonomie zu erfüllen.

Vergessen Sie den Traum, den Partner ändern zu können. Schauen

Sie auf Ihre Beziehung, nicht auf Ihren Partner. An der Beziehung sind Sie beteiligt. Wenn Sie an sich etwas verändern, beeinflussen Sie auch die Beziehung. Was Sie beide miteinander haben, das kann nicht einer allein bestimmen oder herbeiführen. Dazu braucht es immer zwei, die diese spezielle Beziehung schaffen; sie ist das Resultat dessen, was Sie beide bewusst und unbewusst einbringen. Ihre Beziehung als das zu erkennen, was sie tatsächlich ist, bedeutet, unterscheiden zu lernen, was Ihre *Wünsche* in Bezug auf die Beziehung und was die *Tatsachen* sind, was tatsächlich möglich ist. Dabei werden Sie feststellen, dass Ihre Beziehung keine Wunschveranstaltung ist. Die Grundlagen Ihrer Beziehung haben sich verändert. Am Anfang stand das Verbindende im Zentrum des Interesses, Sie wollten am liebsten eins sein und bleiben, so stark war die Anziehung. Sie waren bereit, für diese Erfahrung der Verbundenheit individuelle Interessen zu vernachlässigen. Das pendelt sich nach einiger Zeit wieder ein. Sie müssen den Weg von der Hormonsteuerung hin zur Selbststeuerung und zum Abwägen darüber, was man will und braucht und was man bereit ist zu tun, damit das Gemeinsame gelingt, gehen. Ab einem bestimmten Zeitpunkt ist es nicht mehr »egal, was wir zusammen tun, Hauptsache, wir sind zusammen«. Sondern Sie überlegen sich, ob Sie das **dann** überhaupt **noch** wollen. Das verändert die Beziehung entscheidend.

Warum sollten Sie diesen holprigen Weg gehen? Ich habe selbst erlebt, dass diese Form des Studiums meiner selbst und der Beziehung besonders effektiv ist. Jeder Mensch hat sein eigenes Tempo, seine eigene Art zu lernen. Er hat Botschafter und Wegweiser, die er beherzigen kann, und andere, die er schon ablehnt, bevor sie den Mund aufmachen. Verbünden Sie sich mit sich selbst. Kommen Sie in Anschluss mit sich selbst. Wie das geht, versuche ich in diesem Buch so klar wie möglich darzustellen. Was für Sie passt, entscheiden Sie selbst.

> Es ist keine Kunst, nur dafür oder dagegen zu sein, es ist eine Kunst, nur darüber zu staunen.

Wir haben Beziehungen nicht im Griff, wir haben *uns* nicht im Griff! Eine Zeit lang können wir uns zurückhalten, doch irgendwann fällt diese Kontrollsteuerung aus. Der echte Mann, die wahre Frau betritt die Bühne der Partnerschaft. Und keiner weiß, wie wir beide damit umgehen werden. Werden wir uns in Kleinkriege begeben à la »Du machst immer dies und jenes …«? Können wir »elastisch« genug werden, um die gemeinsame Zeit zu genießen? Keiner kann das wissen, die Zeit wird es zeigen. Wichtig zu wissen ist, dass Paarbeziehung sich ungewollt verändern kann, weil die meisten Beweggründe für unser Verhalten im Unbewussten liegen. Nur so kann ich mir erklären, dass in der EU jährlich mehr als zwei Millionen Ehen geschlossen und eine Million Ehen wieder geschieden werden.[17]

Für unsere Konzepte von Schuld und Scham sind das schlechte Nachrichten. Dann ist ja keiner mehr schuld und Beziehungen scheitern nicht, sondern folgen einem inneren Plan. Was war, war so, wie es war. Oft genug beurteilen wir im Nachhinein mit Kenntnissen, die wir heute haben, unser Leben, unsere Entscheidungen vor Jahren. Und es stimmt, hätte ich damals schon das Wissen von heute gehabt, hätte ich mehr Wahlmöglichkeiten gehabt. Mich vielleicht anders entschieden. Aber dem war nicht so. Was ich damals tat, war aus damaliger Sicht das Beste, was ich tun konnte, deshalb tat ich es. Es schwächt uns nur, uns dafür »schuldig« oder »falsch« zu machen, was wir damals taten. Wir haben es getan, bereuen es vielleicht, und das Beste was wir jetzt tun können ist, es in Zukunft besser / anders zu machen. Die Sprache unseres Herzens ist unsere Chance und gibt uns die Stärke, unserem Partner mit Empathie und Mitgefühl zu begegnen. Dann werden wir zu Menschen, die keine Angst davor haben, auf die Stimme ihres Herzens zu hören.

Sei, was du bist,
Gib, was du hast.

Werde, der du bist – Hilfreiche Strategien

Ich bin der festen Überzeugung, dass jeder Einzelne von uns so werden sollte, wie er ist und wie er eigentlich gedacht war. Wir sollen der Mensch werden, der wir wirklich sind. Der Mensch, der in uns steckt. Mein Lieblingszitat dazu stammt von Bob Dylan: »All I can do is be me, whoever that is.«[18] Also passend ungefähr: »Ich kann nur der werden, der ich bin, wer immer das auch sein mag.«

Paarbeziehungen und Familien kommen mir vor wie ein Mobile: Sobald wir an einem Teil des Mobiles ziehen, verändert sich die gesamte Struktur. Das bedeutet für Beziehungen:

Wenn ich das Verhalten meines Partners ändern möchte, verändere ich am besten mich selbst, mein Handeln. Ich tue nichts mehr von dem, was bisher nicht funktioniert hat, sondern ich versuche etwas Anderes, etwas Neues, das bei mir beginnt. Damit kommt das

// Wir haben nur die Welt, die wir zusammen mit anderen hervorbringen, und nur Liebe ermöglicht uns, diese Welt hervorzubringen. //

HUMBERTO MATURANA, BIOLOGE UND PHILOSOPH[19]

gesamte Mobile neu in Bewegung. Ein Beispiel: Ich tendiere dazu, es bei Terminen immer auf die letzte Minute ankommen zu lassen, auch um unnötige Wartezeiten zu vermeiden. Meiner Frau ist es dagegen wichtig, rechtzeitig fertig zu werden und pünktlich zu sein. Sie reagiert deshalb genervt, wenn ich mal wieder knapp dran bin. Das führte schon oft genug zu einer gespannten Stimmung zu Beginn einer gemeinsamen Reise. Um das zu vermeiden, achtete ich dann bei einem gemeinsamen Wochenendausflug sehr darauf, eine (ganze) Stunde früher am Bahnhof zu sein. Was hätte ich in dieser Zeit noch alles tun können! Aber unser kleiner Urlaub begann so entspannt, dass ich sofort Geschmack an diesem neuen Timing fand.

Durch die Änderung meines Verhaltens, meiner Denkweise, meiner Sicht auf die Dinge ändere ich die Umstände, unter denen wir zusammen sind.

// Anders geht es mit unseren Gefühlen, die kommen unverblümt aus unserem Körper auf uns zu oder bleiben uns zum großen Teil unbekannt. Verdrängt, unbewusst, um uns keinen weiteren Schaden zuzufügen. //
IRVIN D. YALOM, DIE SCHOPENHAUER-KUR[20]

Sobald Sie gegenüber Ihrem Partner die richtigen Worte für sich selbst finden, haben Sie sich als Mensch verändert – andere Menschen werden diese Veränderung spüren und ihr Verhalten ebenfalls ändern. Es wird eine Zeitlang dauern – vielleicht Wochen, Monate –, bis Sie die richtigen Worte für sich selbst finden. Geben Sie nicht auf, es wird Sie auf allen Ebenen Ihres Seins unterstützen, sich mit Ihren Bedürfnissen, Ängsten und Stärke wahrnehmen und das auch ausdrücken zu können. Worte für mich selbst sind: Ich will … Ich brauche … Vielleicht denken Sie selbst oder erwarten von anderen den Kommentar: »Das ist aber egoistisch!« Nein! Sie drücken nur aus, was Sie wollen. Das bedeutet nicht, dass Sie es bekommen werden. Aber Sie haben es zum Ausdruck gebracht. Das ist der erste Schritt, dazu kann Ihr Gegenüber Position beziehen. Eine untaugliche Überlebensstrategie ist es, erst gar nicht zu sagen, was Sie wollen. Und wenn Ihnen jemand mit Anstandsregeln kommt (»Das macht man nicht!«), lachen Sie ihn an – nicht aus. Mehr braucht es nicht. Machen Sie Ihr Verhalten auch nicht von der erwarteten Reaktion Ihres Partners abhängig. Damit verhalten Sie sich strategisch und gehen ungute Kompromisse ein. So schwächen Sie sich nur selbst und Ihre Glaubwürdigkeit.

Vielleicht ist Ihr Partner erst einmal irritiert, wenn er diese »neuen Töne« hört, doch das liegt unter Umständen nur daran, dass er sich inzwischen an die sich selbst keine Grenzen setzende und erpressbare Ausgabe Ihrer selbst gewöhnt hat. So hat er Ihre Art von Liebe kennengelernt und reagiert verständlicherweise mit Angst und Zorn, wenn diese nicht mehr zur Verfügung steht. Das geht vorbei. Bleiben Sie standhaft, vor allem sich selbst zuliebe. Ihre neue Beziehung wird lebendiger und kraftvoller sein als je zuvor. Und wenn Ihr Partner bereit ist, mit anzupacken, werden Sie sich in ein paar Jahren wundern, wie Sie es vorher miteinander ausgehalten haben.

Dem liegt die Erkenntnis zugrunde, dass Sie nicht mehr auf die

> Geben Sie die Hoffnung auf eine bessere Vergangenheit auf.
>
> IRVIN D. YALOM, PSYCHOTHERAPEUT UND SCHRIFTSTELLER [21]

// Die Erkenntnis, dass die Qualität des Miteinanders sehr viel mit dem eigenen Verhalten zu tun hat, eröffnet uns neue Handlungsmöglichkeiten. Wir müssen aber immer wieder den Mut haben, auf uns zu schauen, anstatt den anderen zu kritisieren. //

»alte« Art und Weise mit Ihrem Partner zusammenleben wollen. Das wird dieser vielleicht als Bedrohung empfinden – fragen Sie ihn einfach danach. Laden Sie ihn ein, zu Ihrer neuen »Sprache« Stellung zu beziehen. Diese Worte richten sich nicht gegen ihn, im Gegenteil, es ist wahrscheinlich die einzige Möglichkeit, dieser Partnerschaft einen Sinn und damit Zukunft zu geben.

Überlebensstrategien sind dazu da, unser Überleben zu sichern. Mit einem freudvollen Leben haben sie nichts zu tun. Niemand wird diesen Weg für Sie gehen, wenn Sie ihn nicht selbst gehen. Wenn Sie sich auf den Weg der Selbstachtung begeben, wird sich Ihr Selbstverständnis ein für alle Mal ändern. Sie werden entscheiden, was Sie noch bereit sind zu akzeptieren und was nicht. Sie werden die Zügel Ihres Lebens in die Hand nehmen. Und noch einmal: Das richtet sich nicht gegen Ihren Partner, aber gegen alle, die auf Ihre Kosten leben wollen. Das zu ändern, ist Ihr Recht.

Wir alle besitzen selbstdestruktive Eigenschaften, die wir von unseren Herkunftsfamilien übernommen haben. Nicht als genetisches Erbe, sondern als Resultat der Tatsache, dass Kinder das Verhalten ihrer Eltern bewusst oder unbewusst nachahmen und allmählich übernehmen. Wir haben diese Verhaltensmuster entwickelt, um in unserer Familie leben und überleben zu können. Diese Strategie hat uns in der Kindheit und als Jugendliche überleben lassen. Als Erwachsene müssen wir uns nun mit den Strukturen unserer Überlebensstrategien befassen.

Der Prozess, selbstdestruktive Eigenschaften und Überlebensstrategien zu erkennen, wird fast immer von ernsten Krisen in der Paarbeziehung und den Ereignissen im Zusammenspiel mit unseren Kindern in Gang gesetzt. Mir bekannte Überlebensstrategien sind:

- Überverantwortung, die eigenen Grenzen und Bedürfnisse verleugnen,
- ungebremste Projektion, ständige Kritik an anderen,
- andere beschuldigen, ihnen Vorwürfe machen,
- seelischer Schmerz, der als Zorn, Hass oder Wut zum Ausdruck kommt und keine Erleichterung erfährt.

Eine Liebesbeziehung nährt die Hoffnung, dass sich das selbstdestruktive Verhalten verändern und heilen wird. Erleben wir unsere Partnerschaft als heilsam für unsere selbstdestruktiven Eigenschaften, dann bringt das neuen Wind in unser Leben und wir erleben dieses gemeinsame Leben als erfrischend, aufregend, immer wieder neu. Das sind gute Voraussetzungen, um gemeinsam zu wachsen.

Erleben wir die Partnerschaft als unveränderlich, starr, hilflos, befinden wir uns in einem symptomerhaltenden Zustand. Eigentlich wollen wir weg, haben aber nicht genug Antrieb zur Veränderung.

Erleben wir die Partnerschaft als herunterziehend, kräftezehrend, auslaugend und wollen wir nur noch weg, verstärken sich die selbstdestruktiven Eigenschaften und wir befinden uns eher in einem symptomverschlimmernden Zustand. Das sind schlechte Voraussetzungen, um zu wachsen.

Paarbeziehungen durchlaufen immer wieder mal eine diese drei Stadien: symptomheilend, symptomerhaltend und symptomverschlimmernd. Der Schmerz, an den wir uns als Individuum gewöhnt haben, wird langsam, aber sicher auf diejenigen übertragen, die wir lieben: auf unsere Partner, unsere Kinder. Wenn das geschieht, ist es Zeit für persönliche Entwicklung: Dann sollten wir ein Verhalten entwickeln, das unseren eigenen Schmerz beseitigt und unsere Nächsten von der Bürde befreit, sich für uns verantwortlich zu fühlen. Erst die persönliche oder gemeinsame Reflexion, aber auch fachliche, qualifizierte Beratung kann den unsäglichen Kreislauf unterbrechen.

Die meisten Paare sind »zu sehr verheiratet«.

Das Mittel der Wahl könnte sein: Finden Sie Ihre eigenen Anteile an dieser möglicherweise destruktiven Beziehung: »Was kann ich tun, um mein (selbst)destruktives Verhalten in ein konstruktives zu verwandeln?«

Wenn Sie hierzu erste Antworten gefunden haben, wird sich Erleichterung einstellen, eine größere Klarheit um sich greifen. Erste Erfolge werden sichtbar. Sie spüren, dass es bergauf geht, und das ist ganz wörtlich zu verstehen: Das Bergauf in Beziehungen kann mühsam sein, ist auf lange Sicht jedoch sehr befriedigend. Ich kann wirksam sein in meinem Leben. Ich kann etwas tun und ich tue es.

Ich will Ihnen hier eine Idee präsentieren, die vielleicht für Sie genauso hilfreich sein kann, wie sie es für mich immer wieder war: Stellen Sie sich vor, wie Sie mit siebzig, fünfundsiebzig Jahren auf einer Bank sitzen und ins Land schauen. Denken Sie zurück an »damals«, als Sie vor einer Situation, einer Entscheidung, einem Problem standen, die Ihnen aus damaliger Sicht wie ein riesiger Berg vorkamen. Mit siebzig Jahren ist nicht nur die Angst weg, sondern auch der

Druck. Man schaut zurück und weiß: »Heute sitze ich da auf dieser Bank, es geht mir gut, mein Leben war gut und es war auch schwer. Es war damals eine wichtige Entscheidung, die ich getroffen habe. Und immer wieder habe ich überlegt, was ich tun soll. Mir war klar, dass ich, egal welche Entscheidung ich treffen würde, immer etwas gewinnen und auch etwas verlieren würde. Ich verliere das, wogegen ich mich entschieden habe. Ich kann nicht beides tun, so gerne ich das täte. So traf ich damals die Entscheidung und habe innerlich und äußerlich getrauert um das, was ich nicht haben konnte.« Durch diese Rückschau werden Sie Ihr bester Ratgeber!

Konflikte und der Umgang mit ihnen

Kinder bringen Konflikte

Es ist eine verbreitete romantische Vorstellung, dass Kinder das Glück bringen. Doch statistisch belegt trennen sich die meisten Paare nach der Geburt des ersten Kindes. Aber welcher junge Vater, welche junge Mutter will schon zeigen, dass das geliebte Baby ihn beziehungsweise sie an den Rand eines Nervenzusammenbruchs bringt?

Die Tatsache, dass Kinder nicht nur Freude machen, sondern auch einen massiven Einschnitt in der Paarbeziehung bedeuten, ist eines der letzten Tabus. Die Idealisierung hat auch ihr Gutes, denn wenn Eltern wüssten, was ihnen bevorsteht, wäre die Menschheit wahrscheinlich schon ausgestorben. Nach einer aktuellen Studie des Max-Planck-Instituts in Rostock sind nur dreißig Prozent der Eltern mit ihrer Situation zufrieden, die Mehrheit jedoch eher unglücklich. Um genau zu sein: Sie sind unzufriedener als nach einer Trennung, dem Verlust des Arbeitsplatzes oder dem Tod des Partners! Das sagt viel darüber aus, wie groß die Not ist. Die Studie beschreibt den Alltag, den mindestens zwei Drittel der Eltern erleben. Die ersten ein bis drei Jahre gerade mit dem ersten Kind bedeuten oft totalen Stress. Schon die Erkenntnis »Ich bin keine schlechte Mutter, kein schlechter Vater, wenn es mir so geht, wie es mir geht« kann dabei eine erste Entlastung für Eltern sein. Konflikte gehören dazu, doch wie wir damit umgehen, haben wir selbst in der Hand.

> Je mehr wir Konflikten in unserer Partnerschaft und unserer Familie aus dem Weg gehen, umso größer werden sie.

Paarkonflikte sind in dieser angespannten Zeit an der Tagesordnung. Einfach deshalb, weil unser gesamtes bisheriges Leben umgekrempelt wird. Einerseits empfinden wir riesengroße Zuneigung zu diesem kleinen Menschen, andererseits sind wir ratlos, wie wir das alles unter einen Hut bekommen sollen. Unsere Lebensstrukturen werden sich verändern, weil wir Eltern nur unvorbereitet in die neue Situation gehen können. Ich bin der Meinung, dass Eltern sich nicht im Vorfeld vorbereiten können, denn Theorie hilft da nicht weiter.

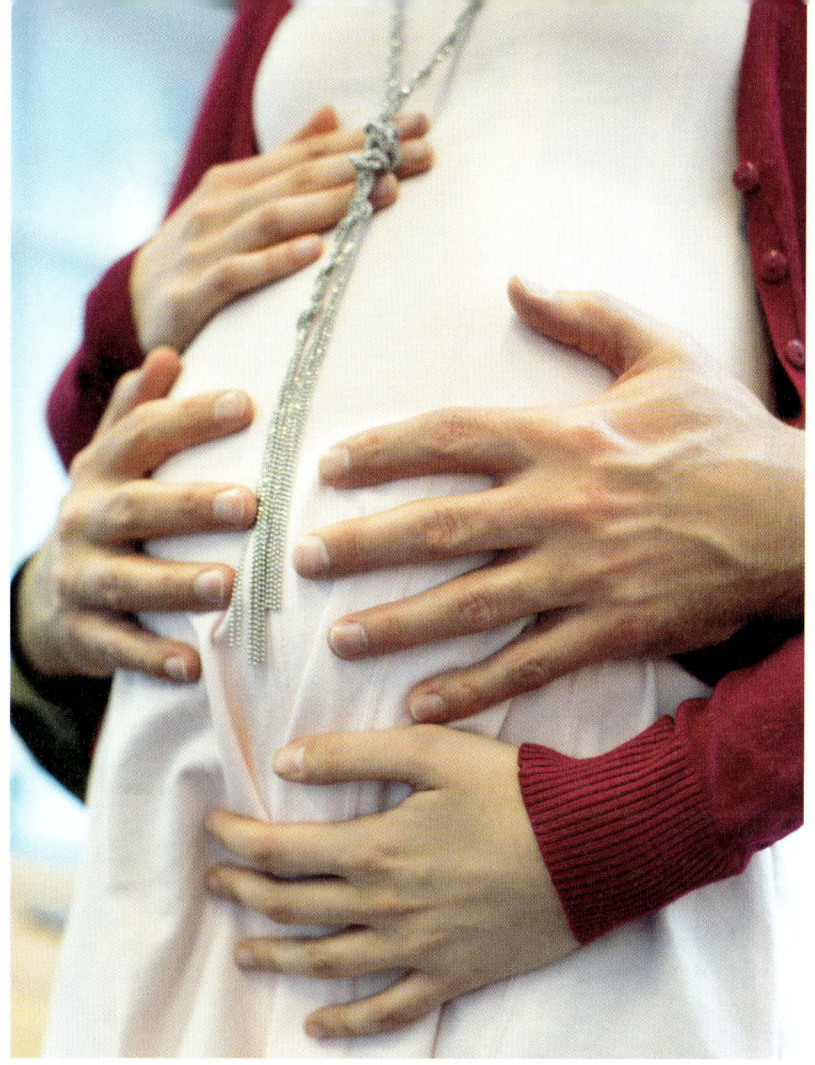

// Wenn du weißt, was du tust, kannst du tun, was du willst.
Wenn du nicht weißt, was du tust, kannst du nicht tun,
was du willst. //
MOSHÉ FELDENKRAIS, BEGRÜNDER DER FELDENKRAIS-METHODE[22]

Der Umgang mit unseren Erwachsenenkonflikten lässt sich aber verbessern. Das geht schon vor der Geburt unseres ersten Kindes! Ich leite seit 15 Jahren Weiterbildungen für Fachleute, Eltern und Paare. Nach meiner persönlichen wie auch meiner professionellen Erfahrung sind wir als Eltern alle Anfänger. Wir wollen es besonders gut machen. Auf jeden Fall anders und natürlich noch besser als unsere Eltern. Doch danach folgt der Absturz in die Realität: Wir müssen unsere Partnerschaft, unsere Familie völlig neu erfinden. Da darf man sich selbstverständlich Unterstützung holen, zum Beispiel bei familylab.de oder anderen Institutionen.

Was fangen wir in unserer Paarbeziehung mit diesem Wissen an? Meiner Ansicht nach verändert sich durch das Baby oder Kind auch stark das Bedürfnis beider Partner nach Aufmerksamkeit, das sie sich bisher, solange sie noch zu zweit waren, gegenseitig erfüllen konnten. Paare, die das so erleben, sind in meinen Augen noch nicht erwachsen genug. Sie befinden sich erst auf dem Weg dorthin und müssen lernen, mit der Enttäuschung zu leben, dass sie nicht alles haben können: die ungeteilte Aufmerksamkeit des Partners, beruflichen Erfolg *und* ein Baby. Das kleine Kind zieht die Aufmerksamkeit total an sich. Ein Baby braucht uneingeschränkte Fürsorge. So soll es in den ersten ein bis zwei Jahren auch sein. Für den Vater und oft auch für die Mutter ist diese Umstellung schwer. Nach zwei bis drei Jahren wird es Zeit, den Absprung zu finden und sich als Mann und Frau (die auch noch Vater und Mutter sind) wieder ins Zentrum der Familie zu stellen. Das ist die neu zu erlernende Kunst. Nur wenn es Vater und Mutter – Mann und Frau – miteinander gut geht, geht es auf lange Sicht auch den Kindern gut.

> Eine nicht kommunizierte Leistung ist wie eine nicht erbrachte Leistung. Das erleben Hausfrauen, Hausmänner sowie Mütter und Väter jeden Tag.

Eltern gehören wieder ins Zentrum der Familie!

Im linken Bild sehen Sie die beiden Kinder (K) im Zentrum des Kreises, also der Aufmerksamkeit. Der Vater (V) und die Mutter (M) beobachten die beiden Kinder. Im rechten Bild befinden sich Vater und Mutter im Zentrum und die Kinder schauen auf die beiden, sehen, was sie tun, was sie miteinander sprechen, welche Ansichten sie haben, wie sie leben. So findet »Erziehung« nebenbei statt. Für dieses Modell brauchen wir gemeinsame Zeit, nach anfänglichen Turbulenzen schafft es aber immer mehr Entspannung bei allen Beteiligten. Das linke Bild zeigt, dass Kinder, die ständig im Zentrum der Aufmerksamkeit stehen, auch ständig unter Beobachtung sind. Das sind genau die Zutaten, die eine Familie kaputt machen. Vordergründig sieht es so aus, als ob die Kinder den Anstoß dazu geben. Aber wir Eltern wären diejenigen, die etwas ändern könnten, wenn uns die aktuelle Situation nicht passt. Wie geht das? Das Modell in der folgenden Abbildung macht es vor. Die Kinder werden aus dem Zentrum

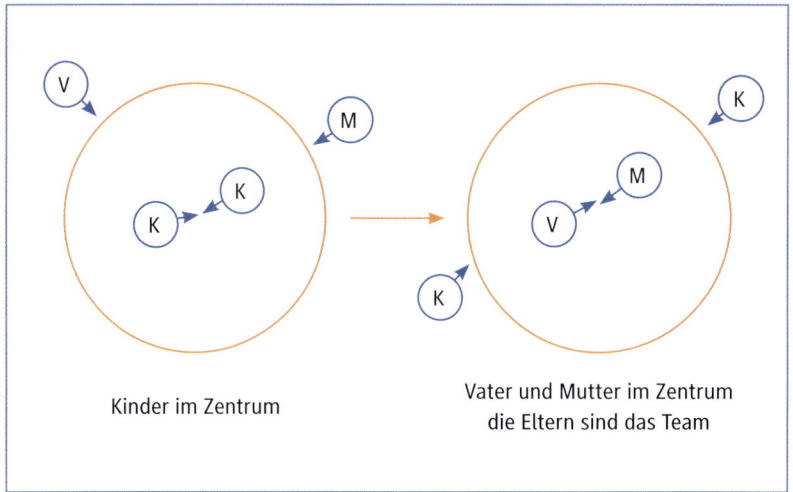

Kinder im Zentrum

Vater und Mutter im Zentrum
die Eltern sind das Team

der Aufmerksamkeit herausgenommen. Dorthin gehören wir Erwachsenen. Mutter und Vater reden miteinander, über dies und das. Sie sind das Herz des Teams, sie sind die Basis. Ohne sie gäbe es keine Kinder, sie waren zuerst da. Sie müssen sich, nachdem die Aufmerksamkeit einige Zeit zu recht auf den sehr kleinen Kindern lag, wiederfinden. Wieder *neu* erfinden als Paar, das jetzt eben ein Kind hat. Doch das geschieht in unseren Breitengraden leider viel zu selten, und das ist auch der Grund, warum das in unseren Breitengraden ständig schief geht. In südlichen Ländern ist es meist gar kein Problem. In meiner bayerischen Lieblingswirtschaft saß mir gegenüber eine spanische Gruppe: fünf Erwachsene, acht Kinder zwischen zwei und zehn Jahren. Es war eine Freude, ihnen zuzusehen. Kein »Mach' dies, mach' das«, genervte Eltern und genervte Kinder. Stattdessen saßen die Erwachsenen beieinander und unterhielten sich intensiv, sie aßen, tranken, redeten, und die Kinder waren einfach drum herum. Die Älteren hörten mal zu, mal spielten sie mit den Kleineren, neckten sie, gaben ihnen Malsachen. Ein Junge balancierte auf den Sitzbänken hinter den Erwachsenen, die hielten ihn fest und reichten ihn weiter, ohne »Hör auf, setz dich hin«, sondern als Begleiten, wie nebenbei. Es war sehr entspannend für mich zu sehen, wie einfach das war. Es tat gut zu sehen, dass die Erwachsenen freundlich auf die Kinder schauen konnten und nicht genervt, weil sie sie für die Quengelei verantwortlich machten. Es war schön zu erleben, dass es ein Leben MIT Kindern geben kann, das die Eltern nicht auffrisst. Viele Eltern könnten ihre Elternrolle etwas weniger ernst nehmen und ihrer Partnerrolle wieder mehr Aufmerksamkeit widmen. Ihren Kindern kann es nur so gut gehen, wie es Ihnen als Paar miteinander geht!

Die Toleranz hat nie einen Krieg erregt, die Intoleranz hingegen hat die Erde mit Blut und Leichen bedeckt.
VOLTAIRE, PHILOSOPH
(1694–1778)[23]

Beschäftigen Sie sich wieder mehr mit Ihrem Partner!

Manchen erscheint es hart, den Kindern die Aufmerksamkeit zu entziehen. Sie meinen, sie damit zu vernachlässigen. Ja, ich stimme zu, aber aus einem anderen Grund: Es ist hart, weil der nächste Schritt bedeutet, dass ich mich meinem Partner widme und die Kinder Kinder sein lasse. Kinder werden heute zu oft als Ersatz benutzt, weil sich die Partner so weit voneinander entfernt haben. Es ist ja auch viel leichter, mit Kindern einig zu werden als mit einem erwachsenen Partner, besonders, wenn man schon weit auseinandergedriftet ist.

// Die Niederlage endet in dem Augenblick, in dem wir uns einem neuen Kampf stellen. Das Gefühl zu versagen hingegen endet nie. Es geht also um die Wahl (d)einer Lebensform. //

PAULO COELHO, DIE SCHRIFTEN VON ACCRA[24]

Kinder wollen ihre Eltern groß, nicht ihnen gleich! Wenden Sie sich also Ihrem Partner zu, interessieren Sie sich für ihn, für sie. Sprechen Sie mit ihm/ihr über das, was Sie hier lesen. Ändern Sie das ausweglos Erscheinende. Es wird ein doppelter Gewinn für Sie, Sie gewinnen Lebensfreude für sich, mit Ihrem Partner, und Ihre Kinder erleben ein neues, besseres Familienmodell, das allen viel mehr Freude macht. Werden Ihre Kinder sich vernachlässigt fühlen? Vielleicht werden sie am Anfang etwas irritiert sein – so wie Sie. Aber vertrauen Sie darauf, dass Kinder viel weniger Aufmerksamkeit brauchen, als 90 Prozent der Eltern heute meinen geben zu müssen. Damit geht die Spirale der Genervtheit zu Ende, in die Eltern geraten, weil ihnen Ruhe fehlt und die ganze Aufmerksamkeit des Partners beim Kind gebunden ist.

Damit keine Missverständnisse entstehen: Kinder brauchen ihre Eltern. Babys am Anfang zu hundert Prozent, im Lauf der Zeit immer weniger. Sie brauchen von ihrer Mutter oder dem Vater liebevolle Berührung, freundliche Zuwendung, Freude über das neue Leben, Eingehen auf ihre Äußerungen. Wenn sie schreien, brauchen sie jemanden, der sie sieht, hält, begleitet. Diese volle Zuwendung brauchen alle Kinder, in unterschiedlichem Maß.

Schon früh (in den ersten drei Tagen) können Babys die Stimme der Mutter von anderen unterscheiden und versuchen, beim Saugen an Mutters Brust mit dem Druck ihrer Lippen die Mutter zurückzuholen wenn sie spüren, dass diese sich lösen und den Stillvorgang beenden will. So machen sie erstmals die Erfahrung, dass sie selbst etwas bewirken können. Wenn solche Erfahrungen von der Mutter freundlich begleitet werden (»Ah, du willst noch, dass ich da bleibe«, »Ah, das gefällt dir!«), lernt das Baby schon etwas über sich. Sein Selbst wächst durch sein Lernen. Macht dieser kleine Mensch im Lauf seines Lebens weitere derartige, seine Wirksamkeit bestätigende Erfahrungen und durchläuft er eine empathische Sinnesentwicklung, dann wird er später in der Lage sein, *sich und andere* zu spüren und Mitgefühl zu zeigen.

Und es gibt immer Hoffnung, dass sich dieses Mitgefühl entwickelt, wenn man selbst dazu bereit ist, die Schatten in seinem Leben anzuerkennen und sie – so gut es geht – zu heilen. Gute Beziehungen sind ein langer Weg mit sich selbst, den Quickfix gibt es nur in der Fantasie und im Werbefernsehen.

Holen Sie sich Hilfe von außen!

Kleine Kinder sind stressig für Eltern, keine Frage. Eltern können diese harte Übergangszeit vom Paar zur Familie aber bewältigen, indem sie sich gegenseitig unterstützen und sich Hilfe von außen holen. Auf diese Weise kommt man weg von Stress, Zeitmangel, Überforderung und kann seine Paarbeziehung schützen beziehungsweise wieder gedeihen lassen. Als meine erste Frau und ich unser erstes Kind bekamen, war ich wie betäubt. Zu wenig Schlaf, Hilflosigkeit im Umgang mit dem neuen, kleinen Menschen. Wir haben uns drei Monate durchgewurstelt. Dann war mir klar: Entweder finden wir eine andere Lösung oder wir können einpacken. Gott sei Dank haben wir eine liebevolle Perle gefunden. Bei Problemen waren wir zur Stelle, aber tagsüber übernahm sie, sodass wir unserer Arbeit nachgehen und durchatmen konnten. Noch heute bin ich ihr dankbar für die unschätzbare Hilfe.

Es ist sicher nicht einfach, mit der Umstellung vom Paar zur Familie zurechtzukommen und die »richtige« Entscheidung zu treffen: eine gute Krippe und liebevolle Erzieherinnen in einem Kindergarten zu finden oder selbst auf beruflichen Fortschritt zu verzichten und mit dem Kind zuhause zu bleiben und auch diese Zeit zu genießen.

Egal welche Entscheidung Sie treffen, es wird jede Menge Frustrationen geben, bis das neue Zusammenspiel, zu dritt oder zu viert,
klappt. Wenn es Ihnen noch nicht gelungen ist, mit den Frustrationen
zurechtzukommen, könnte der unheilvolle Eindruck entstehen, dass
das Baby an diesem Stress schuld ist. Das Baby kann aber nichts dafür.
Vielmehr liegt es daran, dass Eltern nicht darauf vorbreitet sind, wie
das Kind ihr Leben verändert. Sie versuchen, ihre bisherige Lebens-
weise auch mit Kind beizubehalten. Vergessen Sie's! Nichts wird
mehr so sein, wie es war. Und – seien Sie versichert, das ganze Buch
dreht sich darum, was Sie statt dessen, in Zukunft, tun können.

Heiraten Sie nicht die Voraussetzungen, sondern den Menschen!

Wenn ich jemand deshalb liebe, weil er ist, wie er ist, dann ist es für alle leicht. Dann schwächen die Kommentare anderer nicht, und die Bemerkungen und Blicke der Eltern werfen einen nicht aus der Bahn. Weil man das Sein des anderen liebt, und nicht die Vorstellung, etwas zu haben.

Ist der Partner aber in der Vorstellung ein Rohdiamant, den man erst noch bearbeiten muss, bis er »richtig« funkelt, funktioniert das mit Sicherheit nicht. Wenn ich also denke, ich wüsste, wie der andere sein soll, geht etwas schief. Auch dann, wenn man das Gegenüber will, weil es für meine Kinder ein guter Vater, eine gute Mutter sein könnte. Wenn ich den anderen nehme, weil er so ist, wie meine Familie ihn haben will. Wo bleibe ich dann, will ich das wirklich für meine Familie tun? Oder wäre es nicht besser, nur auf mein Herz zu hören?

Wenn ich also nur einen guten Versorger will, der einen beschützt, der wie (m)ein Vater, die wie (m)eine Mutter ist; wenn ich den anderen retten will oder er mein Retter sein soll, dann sind die Voraussetzungen an der Beziehung interessengeleitet, was die Liebe schwächt, die mit der Zeit entstehen könnte. Wenn die hier genannten (konstruierten) Bedingungen wegfallen, wenn der andere sich nicht retten lassen will, wenn er seinen Reichtum verliert, seine Konfession ändert und dergleichen, dann kann es sein, dass er als Mensch für mich gar nicht mehr wichtig ist. Dann habe ich die Voraussetzungen geheiratet, aber nicht den Menschen. Und wenn ich so gehandelt habe und nun sehe, dass das dumm von mir war? Dann wird es Zeit, miteinander in einen Dialog zu treten. Reden Sie miteinander, zum Beispiel so: »Als ich dich kennengelernt habe, dachte ich noch, dies und das sei wichtig. Heute habe ich gemerkt, dass du mir wichtiger bist als dies und das. Wie ist es bei dir?«

An Konflikten wachsen

Konflikte ersparen Ihnen unglaublich viel Zeit, wenn Sie sie konstruktiv ausleben. Aber es gibt keine Tricks im Sinne von: Ich tue dies und das und dann läuft unsere Beziehung wie am Schnürchen. In einer Paarbeziehung geht es um Wachstum, nicht um Harmonie. Wachstum geschieht langsam, innere Veränderung geschieht langsam. Der Verstand begreift oft schnell, doch die Bewegungen der Seele sind gemächlich. Es dauert Jahre, um Erkenntnisse in meinem Verhalten umzusetzen. Dabei die Geduld nicht zu verlieren, sondern stetig am Ball zu bleiben, das führt zu Wachstum. Mein Tipp lautet: Bleiben Sie unermüdlich in Ihrer Bemühung zu wachsen, also die Situation für sich und Ihren Partner zu verbessern. Dann erwarten Sie auch nicht mehr, dass dieses Bemühen jedes Mal zu Erfolg führt.

Ein konstruktiver Umgang mit Konflikten gelingt, wenn wir uns gegenseitig helfen, um aus einem Gegeneinander ein Miteinander zu schaffen. Denn zum Frieden braucht es zwei!

Es gibt also kein Geheimrezept für gelingende Partnerschaft, aber so etwas Ähnliches. Gleich und gleich gesellt sich gern, das gilt für Überzeugungen, Werte, Grundsätze. Es stimmt aber auch, dass Gegensätze sich anziehen! Dabei geht es darum, ob ich den anderen zum Beispiel riechen kann. Als attraktiv werden Körpergerüche empfunden, die auf ein anderes Immunsystem hinweisen. Das hat Auswirkungen auf die gemeinsamen Kinder, deren Immunsystem durch diese Mischung widerstandsfähiger wird. Was lange währt, kann sich gut riechen, hat ähnliche Wertvorstellungen, ist sich von Anfang an in den grundlegenden Ansichten einig. Dann braucht ein Partner nicht ständig Anpassungsleistungen zu erbringen, weil man wegen eher übereinstimmender Anschauungen auf nervende Grundsatzdiskussionen verzichten kann.

Krisen meistern jene Paare gut, die in der Lage sind, eine gemein-

same Zukunftsvision zu entwickeln. Wenn wir ein gemeinsames Projekt vor uns haben, etwa ein Haus zu bauen, eine gemeinsame Auszeit zu gestalten, kann das unsere Fantasie beflügeln. Durch die Orientierung auf ein neues, gemeinsames Ziel hin schaffen wir es, uns von ermüdenden Symptomdiskussionen zu lösen und stattdessen über wirklich Wichtiges in unserem Leben zu sprechen.

Das Frustrierende an ständig wiederkehrenden kleinen Konflikten ist ihre Nutzlosigkeit. Die Redundanz geht einem auf die Nerven. Wir wissen, was unser Gegenüber gleich sagen wird und dass wir mit Wut und Frustration darauf reagieren werden. Schier unaufhaltsam. Ein Merkmal unnützer Streitigkeiten ist, dass es dabei nie um Wichtiges geht. Wenn wir im Gegensatz dazu über Wichtiges streiten, wenn zum Beispiel der Satz »So werde ich nicht mehr weiter machen« fällt, wird es ernst. Dann werden wir ruhig. Denn jetzt geht es ums Ganze. Um unsere Zukunft. Jetzt könnte ein falsches Wort, eine achtlose Geste alles kaputt machen. Entscheidend ist aber, wie wir aus der Sache rauskommen: geheilt, gestärkt, zuversichtlich oder im Gegenteil hoffnungslos, beschädigt oder gar schwer verletzt.

Wie schon gesagt: Konflikte gehören zu jeder Partnerschaft. Machen Sie diesen Illusionen den Garaus und freunden Sie sich mit dem an, was Sie sind, was Sie bis heute erreicht haben. Hier tut jeder sein Bestes beziehungsweise das, was er im Moment dafür hält. Hinterher ist jeder schlauer. Die wirklich wichtigen Konflikte machen es uns in gewisser Weise leicht, zu einer Entscheidung zu kommen: Wir werden uns meistens sehr schnell klar darüber, was noch verhandelbar ist und was nicht. Wo unsere persönliche Grenze berührt oder gar überschritten ist. Dann braucht es den Mut sich selbst einzugestehen, dass es nicht mehr weitergeht, oder nur noch unter diesen und jenen Voraussetzungen. Wenn wir uns diese Klarheit schaffen, ist die Verhandlung leichter. Je klarer ich werde, umso schneller können wir Klarheit schaffen.

»Von Weitem sieht eine Ehe außerordentlich einfach aus«, sagt Hans Fallada. Da hat er Recht. Kompliziert wird es, wenn wir uns näherkommen, gar so nahe, dass wir uns selbst verlieren oder den anderen kaum mehr ertragen, es uns und unserem Gegenüber aber vielleicht nicht eingestehen können. Zu groß wäre die Gefahr eines kompletten Bruchs oder einer tiefen Verletzung.

Wie wäre Ihre Beziehung, wenn Sie sie alleine gestalten könnten? Glauben Sie, es wäre auf Dauer besser?

Ein Fall aus der Praxis

In einer Paarberatung beschreibt eine Frau und Mutter ihre Situation so: »Ich bin aufgelöst zwischen Babywindeln, Stillen, Frühstücksbrot herrichten, Einkaufen, von der Schule abholen, Trösten, weil es schon wieder so ›scheiße‹ ist in der Schule, Verbinden von kleinen und größeren Wunden an Haut und Seele, Kochen, bis es jedem schmeckt, und obendrein noch für meinen Mann da sein … Und bei all dem habe ich auch noch auf meine Karriere verzichtet und nun Angst, nicht mehr arbeiten und mein eigenes Geld verdienen zu können.«

Sie sprach diesen Satz in einem Atemzug, ohne Luft zu holen, sie warf ihn ihrem Mann, der daneben saß, sozusagen vor die Füße. Da! Das ist mir alles zu viel. Das kannst du haben, ich will es nicht mehr. Sie sah mich herausfordernd an, als wolle sie damit sagen: Ha! Jetzt ist es raus, das wurde aber auch Zeit!

Nach einer Pause, in der ich ihre Worte innerlich noch einmal nachklingen ließ und die Stimmung und das Gefühl, das in mir aufstieg, mit der Miene der Frau verglich, sagte ich: »Na, das ist aber gut, dass das jetzt endlich raus ist. Das hätte Sie ja fast erstickt. Haben Sie schon mal darüber geredet?« »Noch nie. Ich habe immer gedacht, dass ich überhaupt keine gute Mutter und Ehefrau mehr wäre, wenn ich das alles nicht perfekt hinbekomme.« Sie wurde langsam ruhiger. Ihr Mann war bleich, langsam sammelte er sich: »Am schlimmsten ist für mich, dass ich mir so ahnungslos vorkomme. Ich dachte mir immer, dass du so unglaublich leicht mit den vielen, vielen Aufgaben und dem Stress zurechtkommst. Du sagst nie ein Wort darüber, sondern bist sogar abends, wenn ich platt heimkomme, auch noch für mich da. Aber ich muss auch zugeben, dass ich insgeheim bloß nicht dran rühren wollte, das ist ja so komfortabel für mich, du wirst dich schon melden, wenn was ist.« Und nach einer Pause fügte er hinzu:

> Wenn ich nein sage zu meiner gegenwärtigen Situation, wenn ich nicht mehr mitfließe, dann beginnt Trauma!

Konflikte und der Umgang mit ihnen

»Jetzt merke ich, dass ich viel früher etwas hätte sagen sollen.« Er versuchte sie anzuschauen, blickte dann aber zu Boden. Beide waren betroffen von den ungeschminkten Beschreibungen. Nach einer langen Pause drehten sich die beiden zueinander und gaben sich die Hände, schauten sich lange an, umarmten sich.

Für heute war alles gesagt. Wie ging es weiter? Ein paar Tage später rief die Frau mich an und sagte: »Es war so wichtig, einmal vor einem Zeugen den ganzen Schmerz rauszulassen. Uns gegenseitig zu zeigen, wie es uns wirklich geht. Wir haben am nächsten Abend viel miteinander geredet, wir wissen noch nicht wie, aber wir wollen und werden eine bessere Lösung für uns Erwachsene finden. Das brauchen die Kinder nicht auszubaden, das schaffen wir. Aber eben auf eine andere Art und Weise, wir werden nicht den Druck erhöhen, um es zu schaffen. Ich werde einen Teil meines Perfektionismus einfach über Bord werfen. Wir werden zusammen Druck rausnehmen. Druck von unseren Schulkindern. Druck von mir. Druck von meinem Mann. Das haben wir und unsere Kinder verdient. Dann verkaufen wir halt das Haus, mit dem Erlös können wir leicht den Kredit abbezahlen und es bleibt noch was übrig. Keine Ahnung, aber es tut so gut, freiwillig aus dem Hamsterrad auszusteigen. Keiner Lösung folgen zu müssen, ist *so* befreiend!«

Wir steigen heute aus der kollektiven Sicherheit »So wird's gemacht – in Beziehungen, als Familie« aus. Wir wiederholen nicht mehr, was uns Generationen vorgelebt haben. Dafür sollten wir doch gleich alle miteinander den Nobelpreis für Beziehungskompetenz verliehen bekommen. Denn es ist ein hartes Brot, in jeder Familie, in jeder Beziehung die Karten neu zu mischen und sich und Beziehungen neu zu erfinden!

Führung und Selbstführung

Führung in der Familie, wie geht das?

Führung in der Familie, wie geht das? Es geht, wenn diese Führung *von innen heraus* entsteht und sich nicht nur an Äußerlichkeiten (»Das macht man so …«) oder Knigge-Maßstäben orientiert. Damit meine ich nicht, dass man keine Manieren braucht. Kinder und Erwachsene sollten die Spielregeln kennen, aber selbst entscheiden dürfen, wann und wo sie diese einsetzen.

Oft genug entpuppen sich Maßregelungen als Stimmungskiller, wenn Eltern ihre Kinder, etwa bei Tisch, damit »erziehen« wollen. Das wäre in meinen Augen schlechte Führung. Warum? Weil damit keine Erziehung stattfindet, sondern nur die Stimmung verdorben, Schuld zugewiesen und ein Lernschritt verzögert wird. Führung von innen heraus macht es einfach vor. Die Kinder folgen in einem individuellen Zeitabstand.

Führung von innen heraus hat auch mit Authentizität zu tun, diesem überstrapazierten Begriff, dem neuen »Goldstandard« in Führungstechniken, der sich genau dieser Machbarkeitsfantasie entzieht. Denn gerade Authentizität ist nicht machbar, herstellbar, produzierbar und lässt sich nicht vervielfältigen. Authentizität kommt von innen heraus, sie kann nicht produziert werden. Die Außenwelt erlebt mich entweder als authentisch oder merkt, dass ich nur versuche, etwas sein zu wollen, was ich gar nicht bin. Authentizität ist keine Eigenschaft, sondern das Ergebnis meines Verhaltens.

In meinen Führungsseminaren mit Unternehmern nenne ich es »Aus sich selbst heraus führen«. Dasselbe gilt in Partnerschaft und Familie: Die Beteiligten müssen sich aus sich selbst heraus entwickeln. Dazu müssen sie darauf vertrauen, dass sie schon alles in sich tragen. Sie brauchen es nur im Zusammenspiel – mit dem Partner, der Partnerin – wachsen zu lassen. Das gelingt besonders in Partnerschaften sehr gut, weil es nur zwei Beteiligte gibt, dich und mich.

> Sei du selbst,
> alle anderen sind
> schon vergeben.
> OSCAR WILDE, SCHRIFT-
> STELLER (1854–1900)[25]

Wenn wir beide an unsere Beziehung glauben, daran, dass es Sinn macht, gemeinsam weiterzugehen, dann ist kein Berg zu hoch.

Wir benötigen viel weniger »Input«, als wir meinen. Dagegen benötigen wir viel mehr Ruhe, um zu uns zu kommen und zu entdecken, welchen Reichtum wir in uns tragen, der so dringend gelebt werden will, von unserer Umwelt aber zu selten anerkannt und gewürdigt wird. Hier müssen wir selbst gestalterisch tätig werden, um uns den richtigen Rahmen zu schaffen. Ein Beispiel hierzu: Eine Diplomingenieurin, die ihren gut bezahlten Beruf gerne ausübte, blieb mit ihren beiden kleinen Kindern eine Weile zu Hause. Obwohl das natürlich auch anstrengend war, fühlte sie sich dabei sehr wohl und merkte immer deutlicher, dass sie nicht mehr in das »Haifischbecken« zurückwollte, in dem sie vor der Geburt der Kinder gearbeitet hatte. Diese Frau und ihr Mann überlegten gemeinsam, wie sie mit den veränderten Wünschen an die Arbeitsqualität umgehen könnten. Sie wechselte daraufhin in eine große Firma, die eigenverantwortliches Arbeiten fördert. Dort fand sie weitgehend die Arbeitsbedingungen vor, die sie stärkten und nicht lähmten. Das hatte positive Auswirkungen auf alle. Diese Mutter und Ingenieurin machte nicht andere dafür verantwortlich, dass sich bei ihr etwas geändert hatte. Sie analysierte pragmatisch ihre Familien- wie auch ihre berufliche Situation und wurde aktiv statt in ihren alten Beruf zurückzukehren und dann den Kindern (oder dem Partner) den Druck einer ungelösten beruflichen Situation zur Last zu legen. Gute Führung, auch in der Familie, ist immer zuerst gute Selbstführung.

Unterwerfung oder Begegnung auf Augenhöhe?

Bevor wir weiter über Führung in Beziehungen nachdenken, möchte ich etwas weiter ausholen und ein Licht darauf werfen, aus welchen Familien wir selbst kommen. Dabei stellen sich Fragen wie: Welche Rolle hat Gehorsam in meiner Familie gespielt? Wie wurde ich behandelt, wie sind meine Eltern miteinander umgegangen und wie habe ich mich dabei gefühlt? Welche Wünsche hatten meine Eltern, auf welche Weise haben sie versucht, ihre Erwartungen an mich durchzusetzen? Wie ging es mir in der Schule? Habe ich mich wohl gefühlt mit meinen Freundinnen, den Freunden und den Lehrern? Wurde ich falsch gemacht, weil ich nicht so war, wie mich die Eltern oder meine Umgebung haben wollten? Habe ich Kritik, vielleicht sogar Verachtung in ihren Blicken gespürt? Oder war es eigentlich ganz okay?

Nur im freundlichen, wohlwollenden Austausch, von Mensch zu Mensch, haben Kinder die Fähigkeit, das Wissen, das ihnen die Erwachsenen voraushaben, zu übernehmen. Auch die »blöden« Stimmungen, die durch elterliche Kritik erzeugt werden, werden miterlernt. Verurteilungen, unfreundliche Bewertungen, Ausschluss werden ähnlich wie körperliche Schmerzen erlebt. Im Gehirn werden dieselben Hirnregionen angesprochen wie dann, wenn der Mensch tatsächlich körperlichen Schmerz erleidet. Das ist ein »sicherer« Weg, um einsame, kriegerische Individuen zu schaffen, die ständig in Machtkämpfe verstrickt sind, um Selbstbestätigung zu erfahren; oder um Gefallsüchtige zu produzieren, die sich übersehen fühlen, wenn sie nicht pausenlos gelobt werden.

Was ist also stattdessen zu tun? Den anderen Menschen nicht zum Objekt zu machen. Statt Partner oder Kind als Gegenstand zu behandeln, gehe ich mit der Haltung »Ich sehe dich« auf ihn zu: »Ich sehe, dass du die Situation ganz anders bewertest als ich. Ich will gerne,

// Gehorsam macht krank. //

JESPER JUUL, FAMILIENTHERAPEUT[26]

dass es so und so wird, ich sehe, dass du es ganz anders willst. Lass uns überlegen, was wir tun können.« So vermeide ich, dass der andere Mensch mich ebenfalls als Gegenstand behandelt und auch an mir vorbeiredet. Denn wenn wir als Objekt angesprochen werden, erreicht uns das Gesagte nicht.

Nur weil es viele andere auch so machen, bedeutet das nicht, dass wir in unserer Familie oder Paarbeziehung auch so miteinander umgehen müssen, als ob wir nur gut wären, wenn wir uns nach den Wünschen anderer richten. »Wenn ich funktioniere, bin ich gut« ist ein Glaubenssatz aus dem letzten Jahrhundert. Vergessen Sie diesen Satz, er tötet die Menschlichkeit. Verändern Sie ihn in »Ich sehe dich«.

Ich sehe, was du von mir willst, und ich überlege, was ich tun werde. Ob ich etwas tun werde oder nicht. Ich nehme mir Zeit, dich zu sehen, in deinen Absichten, in deinem Wollen. Ich habe eine Wahl. Ich wähle, ich entscheide. Und übernehme die Verantwortung dafür.

Eine Folge von Kontrolle, Druck, Unterdrückung in der Gehorsamskultur ist die Erkenntnis: Um möglichst wenig selbst – von anderen – manipuliert zu werden, muss ich an die Macht kommen; muss ich die Entscheidungen treffen können und die anderen manipulieren. Wenn ich die Bedingungen stelle, passiert mir am wenigsten. So bekommt die alte, schädliche patriarchale Kultur, die Väterherrschaft, neue Nahrung: »Wer zahlt, schafft an.« In Beziehungen ist das der Beginn einer steilen Abwärtsspirale, weil wir nicht auf Augenhöhe miteinander sprechen. Die Haltung: »Ich weiß, was für dich das Richtige ist« oder »Solange du tust was ich will, bist du richtig« zerstört Beziehungen, schafft ungute Abhängigkeiten, ist Machtmissbrauch.

Daneben gibt es andere, die trauen sich nicht zu, aktiv zu werden, einen Schritt nach vorne zu machen. Die reagieren nicht mehr, haben aufgegeben, weil sie aufgegeben wurden. Die behaupten »Ich bin blöd«, »Ich kann das nicht«, »Das schaff' ich nie«. Dabei plappern sie nur das nach, was ihnen Leute mit wenig Geduld lieblos an den Kopf geworfen haben. Ich habe gelernt, dass *jeder* es in seinem Tempo, auf seine Art, schaffen kann.

Von Albert Einstein wird berichtet, dass er bis zu seinem neunten Lebensjahr nicht gesprochen hat. Seine Mutter war mit ihm bei einem Neurologen. Als fast 70-Jähriger sagte Einstein sinngemäß: »Ich habe nicht geredet, weil ich mir meine Gedanken nicht zerstören lassen wollte. Jeder hätte mich für verrückt erklärt. Meine Gedanken waren doch noch viel zu verletzlich.« Einstein war überzeugt, dass jene Welt später zur Basis seiner Relativitätstheorie wurde.

Als Partner oder Elternteil ist es unsere Aufgabe, unser Gegenüber wie ein echter Freund zu unterstützen und ihm/ihr in Menschlichkeit die Hand zu reichen. Damit die Wunden heilen können, die uns aus Nichtwissen, Unachtsamkeit, Gehorsamsforderungen (»Iss vernünftig!«) zugefügt wurden. Es braucht unser wohlwollendes Gegenüber, der/die an uns glaubt und uns auf dem Weg aus dem Dunkel stärkt. Das meine ich mit »Zum Frieden braucht es zwei …«

> Angesichts der vielen Gefahren, die den Menschen bedrohen, angesichts des Todes, der Ungewissheit der Zukunft, der Begrenztheit des Wissens, kann der Mensch nicht anders, als sich ohnmächtig zu fühlen. (…) Aufgrund der existentiellen wie auch aufgrund seiner historischen Situation versucht der Mensch sich an »magische Helfer« zu binden: an Schamanen, Priester, Könige, politische Führer, Väter, Lehrer und an die Psychologie sowie an Institutionen wie Kirche und Staat. Häufig bieten sich jene, die den Menschen ausbeuten, als solche »Vaterfiguren« an und werden auch als solche gerne angenommen. Man zieht es vor, Menschen zu gehorchen, die es angeblich gut meinen, als sich selbst einzugestehen, dass man aus Angst und Ohnmacht gehorcht.
>
> ERICH FROMM, VOM HABEN ZUM SEIN[27]

Was das mit der Paarbeziehung zu tun hat, werden sich manche an dieser Stelle fragen. Eine Menge! »Funktionieren« ist unser »traditionelles Beziehungsmuster«; wer gehorcht, *ist* richtig (sagen die anderen) und *fühlt* sich auch noch richtig. Wir sind damit nicht mehr in Kontakt mit uns selbst, wir reden aneinander vorbei. Eine Gehorsamskultur, die uns von unseren wahren Gefühlen abschneidet und uns als »richtig« erscheint – weil sie von der großen Mehrheit getragen wird –, lähmt uns. Aber es gibt Fragen, über die sich ein Paar, eine Familie austauschen könnte und die wie Beziehungsmedizin wirken: Wie wollen wir leben, uns ernähren, wie lange wollen wir arbeiten, wofür wollen arbeiten, was ist der Sinn unseres Tuns? All das

sind Fragen, die sich um Wesentliches drehen und nicht um Klein-kram, der eigentlich niemanden interessiert und nur das Gefühl von verlorener Zeit hinterlässt. Nur wenn ich dem anderen als Mensch begegnen kann und das mit all unseren Fehlern so sein darf, können wir uns gegenseitig »erlösen«, die eigene Kraft zur Resilienz entwickeln und in Krisen zusammenhalten, statt uns zu schwächen. Das ist die Essenz, der Sinn der Weisheit »Zum Frieden braucht es zwei, zum Krieg reicht einer«!

In einer gelingenden Paarbeziehung werden Sie Freude daran haben, Verantwortung genau für diese Beziehung – jetzt – zu übernehmen, Sie werden sie für so wichtig wie kaum etwas anderes halten, Sie werden sich freuen, sich miteinander auszutauschen. Sie werden es schaffen, Gleichwürdigkeit miteinander – immer öfter – zu leben. Wenn Sie einiges davon gemeinsam umsetzen können, entsteht daraus eine gelingende Paarbeziehung, weil es einfach Spaß macht, zusammen zu sein! Weil es Freude macht, gesehen zu werden, für den Partner wertvoll zu sein! Kommen Sie in Anschluss mit sich selbst, in Anschluss mit Ihrer Kraft, Ihrem Gefühl, spüren Sie, was Sie brauchen, was Ihnen gut tut und was nicht. Und tun Sie mehr von dem, was Sie stärkt, und weniger von dem, was schwächt. Dazu braucht man allerdings einen längeren Atem als für irgendwelche Hauruck-aktionen, die den anderen nicht berücksichtigen. In Tibet heißt es: »Ein Baum, der fällt, macht mehr Lärm als ein Wald, der wächst.«

Wozu Gehorsam? Wenn beide gleich viel Macht besitzen, ist Gehorsam überflüssig, dann braucht es nur den Dialog. Gehorsame Kinder entwickeln keine Identität, sondern lernen zu folgen. Werden wir ständig so behandelt, akzeptieren wir immer häufiger, als Objekte behandelt zu werden. Dabei geht jedoch die Lust am Erforschen und Gestalten der Welt und am Entdecken der eigenen Person verloren. So werden Menschen domestiziert. Etwas stirbt in uns allen, die wir so behandelt wurden. Möglichkeiten werden genau wie wirkliche Grenzen missachtet. Und Kindheitserfahrungen stellen das »Startkapital« dar, mit dem wir in die Paarbeziehung gehen. Nachdem die Verliebtheit verflogen ist, brauchen wir einander, um den gegenseitigen Heilungsprozess in Gang zu bringen. Wir erleben unsere Paarbeziehung als stärkend und hilfreich, wenn das Gefühl entsteht: Ich lerne dazu, ich wachse. Und dir geht es ähnlich. Ich kann wertvoll für dich sein. Unsere Möglichkeiten, unser inneres Gold, werden im folgenden Song von Alexa Feser sehr treffend beschrieben:

Das Gold von morgen

MUSIK UND TEXT: ALEXA FESER UND STEVE VAN VELVET

Lang der Tag und kurz die Nacht
Oh Oh Oh Oh Oh
Schon wieder kopflos aufgewacht
Oh Oh Oh Oh Oh
Das Herz ist leer, der Kopf zu voll
Nichts gelingt und alles soll
Der nächste Tag, das reicht als Ziel
Der nächste Tag ist schon das Ziel

Augen zu und durch, das stimmt
Oh Oh Oh Oh Oh
Sieh nicht hin, sonst wirst du blind
Oh Oh Oh Oh Oh
Das Leben hat 'ne Eisenfaust
Weicht dem Haben, Schweben aus
Scheuklappen auf, flieg gradeaus
Blaues Auge, Brille auf

Wenn dich das Leben wieder niederstreckt
Und du liegst mit dem Gesicht im Dreck
Fang an zu graben
Denn dort ist es verborgen
Genau da findest du
Das Gold von morgen

Der Weg von A nach B ist leicht
Oh Oh Oh Oh Oh
Nur hat dir leicht noch nie gereicht
Bau dir 'nen Bagger aus Geduld
Mit Fantasie als Katapult
Dein Segel in den Gegenwind
Du spielst auf Zeit und Zeit gewinnt

Wenn dich das Leben wieder niederstreckt
Und du liegst mit dem Gesicht im Dreck
Fang an zu graben
Denn dort ist es verborgen
Genau da findest du
Das Gold von morgen

Jeder ein König, jeder stolz
Ein Königreich aus Katzengold
Die Stadt versinkt im Neondunst
Nicht mitzusinken – eine Kunst

Wenn dich das Leben
wieder niederstreckt …

ALEXA FESER,
SÄNGERIN UND SONGWRITERIN[28]

Wenn man an einer Hochschule die Frage stellen würde: »Wie lerne ich, so zu leben, dass es mir selbst und den anderen gut geht?«, würde die Antwort lauten: »Das lehren wir hier nicht.« Einen etwas mitleidigen Blick, der ausdrückt: »Wie, das weißt du nicht?«, bekäme man gratis dazu. Aber wo lernen wir es sonst? Von unseren Eltern? Von anderen Erwachsenen? Aus der Geschichte? In der Schule? Die grundsätzlichen Fragen lauten doch: Wie lebt man so, dass man seine eigenen Talente bestmöglich entwickelt und dem anderen damit nicht schadet, sondern ihn unterstützt? Wie behält man die Ruhe und den Überblick? Wie lerne ich mich kennen? Wie reflektiere ich mich selbst? Was bedeutet es, geführt zu werden oder andere gut zu führen? Wo lernt man, wie man gute Beziehungen führt, wie man Kinder gut aufzieht? Wissen das schon alle außer mir? Sind die Themen zu banal, um gelehrt zu werden? Kann uns nur das Leben lehren? Die persönlichen Anworten auf diese Fragen muss jeder selbst finden, die gibt es nicht als vorgefertigte Schablone. Wichtig ist die Eigenreflexion und der Austausch mit dem Gegenüber. Hören, was du darüber denkst. Sehen, was du tust.

Doch die neue Generation macht Hoffnung: Ich erlebe in den letzten zehn Jahren immer häufiger, dass sich zwanzig- bis dreißigjährige »Kinder« als Verbündete ihrer Eltern sehen. Das bedeutet doch nichts anderes, als dass die vielfältigen Bemühungen der Eltern, Verantwortung statt Gehorsam zu lehren, endlich Früchte tragen. Oder, wie Heribert Prantl es auf den Punkt bringt: »Der Respekt vor den Kindern und der Respekt vor den Alten gehören zusammen; er ist das Band, welches das Leben umspannt. Zu diesem Respekt gehört es, dass Alte auch in Ruhe verrückt werden dürfen. Das rückt die Gesellschaft gerade.«[29]

Risiken, Nebenwirkungen und Nutzen guter Selbstführung

Zuerst möchte ich versuchen, den Begriff »Selbst« etwas zu erklären. Was bedeutet das »Selbst« in Wörtern wie Selbstführung, Selbstvertrauen, Selbstwertgefühl, Selbstbewusstsein und so weiter? Nach meinem Verständnis ist das Selbst des Menschen das, was er tatsächlich ist; nicht das, was er meint zu sein, gerne wäre oder nicht sein will. Dass wir Menschen uns selbst zum Gegenstand unserer Reflexion machen können, ist ein Merkmal, das uns von vielen Lebewesen unterscheidet. Menschen können darüber nachdenken, wer sie sind, wer sie sein möchten. Der Begriff »Selbst« wird häufig gleichbedeutend mit Identität verwendet.

Sören Kierkegaard erklärt das Selbst so: »Der Mensch ist Geist, doch was ist Geist? Es ist das Selbst. Doch was ist das Selbst? Das Selbst ist das Verhältnis, das sich zu sich selbst verhält.«[30] Ich verstehe Kierkegaard so: Wenn Sie dieses Buch gerade lesen, ist dies das Verhältnis, in dem Sie gerade zu diesem Buch stehen: Sie lesen. Doch wenn Ihnen der Text gefällt oder missfällt oder etwas anderes in Ihnen auslöst, haben Sie ein Verhältnis zum Inhalt des Textes. Das Gefühl, das ich habe, während ich etwas höre, lese, tue, entspringt sozusagen dem Selbst.

Paare, die zu mir in die Beratung kommen, haben häufig etwas Wesentliches aus den Augen verloren: Sich selbst. Sie streiten sich um Unwesentliches, das sich häufig wiederholt. Das macht alle fertig. Aber es geht auch anders: Ein Paar kommt zu einem Beratungsgespräch, weil die beiden sich nicht mehr verstehen und aneinander vorbeireden. Der Mann sagt, er werde den Rucksack, den er seit langem trage, jetzt in die Ecke stellen und sei auch nicht mehr bereit, ihn erneut zu schultern. Es sei ihm »zu viel, endgültig und absolut zu viel«. Jetzt sei es Zeit, dass seine Frau oder jemand anderer einen Teil dieser Last übernehme. Alle drei schauen wir auf den fiktiven Rucksack in der Ecke, und ich frage, was da denn alles drin sei. »Vor allem ist Überlastung drin, zu viel Streit, Stress, ich bin am Anschlag«, gibt der Mann zur Antwort. Was er denn stattdessen brauche, frage ich nach. »Ich brauche Ruhe, Entspannung, Zeit allein, Zeit ohne Kind, mit meiner Frau. Wir sind wie Getriebene in unserem eigenen Leben. Mein Leben gehört mir gar nicht mehr, es gehört der Firma, den Kindern, den Aufgaben, dem Tagesablauf, irgendwie habe ich mich und sie verloren!« Was für eine exakte Beschreibung, denke ich, nicht wissend, ob sie für diesen Vater, Ehemann, Unternehmensberater zutrifft, doch ich weiß, dass die meisten, die zu mir in die Beratung kommen, sie ebenfalls unterschreiben würden.

»Ich weiß, dass Sie vorhaben, ein Haus zu bauen. Halten Sie das nach dieser Beschreibung und unter diesen Umständen für eine gute Idee?«, frage ich ihn. »Ich glaube schon«, sagt der Mann mit großem Nachdruck. Ich bin erstaunt: Ein Hausbau bringt doch sicher einen neuen Rucksack ins Spiel. Doch dann folgt die Erklärung: Seine Frau erklärt, ihr Mann sei dieses Jahr 200 Tage unterwegs gewesen. Jetzt habe er sich entschieden, in eine andere Abteilung des Unternehmens zu wechseln und (fast) nur noch von zuhause aus zu arbeiten und dort den Hausbau zu begleiten. Damit hat er die gesamte Situation verändert. Er hatte mehr Zeit, um sich um seinen Sohn zu kümmern. Der Hausbau bringt viel Arbeit mit sich, aber endlich sehen er und die Familie ein Tagwerk. Er kann sagen: »Das habe ich heute geschaffen.« Er ist kein Handwerkergenie, es macht ihm nur Freude, etwas zu leisten, für seine Familie und sich. Dass dies alles so möglich wird, verdankt er seiner eigenen Entscheidung und der Tatsache, dass seine Firma ihn darin unterstützte.

Rekapitulieren wir noch einmal: Am Anfang stand der deutliche, klare Wille »Hier muss sich etwas ändern, sonst gehe ich kaputt«, und kurz darauf zeigte sich auch ein Weg, den niemand vorher erahnt

// Demut ist Wahrhaftigkeit sich selbst gegenüber. //

oder für möglich gehalten hätte. Für mich waren das beeindruckende Ergebnisse, denn durch die neue Konstellation wurden die Belastungen ja nicht weniger. Dafür hat die Familie mit ihrer Entscheidung, aus einem als belastend empfundenen Alltag auszusteigen, eine neue Situation geschaffen, die für alle zwar nicht weniger Arbeit bedeutete, aber von der Vorfreude auf ein neues Heim begleitet war; der Vater ist durch die berufliche Veränderung nicht mehr von der Familie abgeschnitten. In einem späteren Gespräch hatte die Frau ein ganz anderes Auftreten. Ihre freudige Präsenz, ihre Energie waren beeindruckend. Sie bestätigte: »Unser Leben hat sich völlig verändert, ich kann meinen Projekten nachgehen, mein Mann kümmert sich um unseren Sohn. Für diesen ist es wunderbar, dass er seinen Vater zu Hause erlebt, sieht, was er arbeitet. Das alles gibt mir die Kraft zur Liebe. Unsere Partnerschaft hat sich vom dauernden Hinterherlaufen in ein sich selbst steuerndes Unternehmen verwandelt, das tut uns allen sehr gut. Ein bisschen bin ich erstaunt, wie leicht es ging, als wir die großen Brocken wirklich angepackt haben.«

Wie haben sie das geschafft? Die beiden Erwachsenen haben auf ihre Bedürfnisse, Ängste, Nöte geachtet. Sie haben sie formuliert, *ohne* eine Lösung in Aussicht zu haben. Sie haben die große Frustration ausgehalten, nicht weiterzuwissen. In dieser Situation haben sie sich nicht in ihr Schneckenhaus zurückgezogen, sondern es geschafft, immer wieder in den Dialog zurückzukehren. Aus diesen Dialogen gingen sie anfangs noch mit Verletzungen hervor, doch mit der Zeit teilten sie immer weniger Hiebe aus. Sie hatten ein Ziel: Wir möchten ein Haus für die Familie und wünschen uns, dass es uns besser geht. Und das alles nicht von heute auf morgen, sondern in unserem Tempo. Wir bestimmen, was wir tun und wann wir es tun, wir sind handlungsfähig.

Ich weiß, dass dieses Beispiel nicht einfach so auf andere Paare übertragbar ist. Nicht nur in meinen Beratungen müssen jedes Mal

Speziallösungen für jede Familie, jedes Paar, jedes Individuum gefunden werden. Manchmal gleichen sich die Wege, aber sie sind keine Kopiervorlagen. Oft genug sagen mir Familien, das gehe bei ihnen nicht, weil … Dieses »Geht nicht« interpretiere ich als »Ich will nicht«. Das sage ich auch so. Mich interessiert, warum sie nicht wollen. Warum sie es für nicht möglich halten. Ist die Beziehung schon vorbei, hat es schon zu viele Verwundungen gegeben? Ich gehe davon aus, dass es für die betreffende Person immer einen guten Grund gibt, warum sie so und nicht anders handelt, und oft genug sind diesem Menschen seine Beweggründe gar nicht klar. Dafür ist das Coachinggespräch sinnvoll: Allein die Tatsache, dass Sie sich entschließen, die aktuelle Situation anzugehen, sie mit einem Außenstehenden zu besprechen, kann Entscheidendes verändern. Wenn dieser Schritt bedeutet, dass Sie nicht mehr so weitermachen wie bisher, etwas verändern, bringt das die Dinge in Schwung. In einem guten Coaching können Sie die Kraft wiedergewinnen, die Sie brauchen, um selbst die Führung in Ihrem Leben zu übernehmen, die Verantwortung für das, was war zu übernehmen ebenso wie die Verantwortung für das, was ist. Mir scheint Coaching oft der Ersatz für ein gutes Gespräch mit einem erfahrenen Familienmitglied, zum Beispiel einem Großvater, zu sein, der einen guten Ratschlag gibt und selbst keine Interessen dabei verfolgt. In der Realität funktioniert das vielleicht nicht, aber das Coaching kommt diesem Ideal nahe.

Macht, Gehorsam, schlechte Führung

Wir können uns an Mitmenschlichkeit oder an Macht orientieren. Vielfach wird aber davon ausgegangen, dass wir andere beherrschen müssen, um sicher zu sein. Dies fordert fortlaufend Beweise der eigenen Überlegenheit. In der Wirtschaft und Politik ist spürbar, dass wir immer noch glauben, mit Krieg Frieden herstellen zu können. Die Veränderung von einer machtbasierten Kultur hin zu einer Kultur der Mitmenschlichkeit beginnt in der kleinsten Beziehungszelle, der Paarbeziehung, der Familie. Wir kommen aus Familien, die noch die Traditionen von gestern lebten. Und wir werden in Familien leben, die die Werte von morgen begründen sollten, auf dass unsere Kinder diese weiter tragen mögen. Ich bin dabei aber nicht der Meinung, dass wir einfach so vom Extrem der Machtorientierung zur Orientierung an Mitmenschlichkeit, Liebe wechseln können. Zu tief stecken uns die alte Ideologien in den Knochen. Zu verunsichert sind wir, wenn wir den neuen Weg zu mehr Menschlichkeit gehen wollen. Aber wir können es schaffen, wenn wir bei uns selbst anfangen und unseren nächstliegenden Beziehungen: Unseren Paar- und Familienbeziehungen.

Die Massenkrankheit des Machtmissbrauchs und der Gehorsamskultur kann auf den Einzelnen, vor allem aber auf unsere Paarbeziehungen furchtbare Auswirkungen haben. In den nächsten Kapiteln will ich deshalb versuchen, Ideen zu entwickeln, was wir stattdessen tun könnten. Dabei will ich weniger Lösungsvorschläge unterbreiten, als in jedem von uns die Kreativität anregen, individuelle Beziehungsansätze zu finden, mit deren Hilfe wir diese Massenkrankheit von innen heraus heilen können. Jede / r beginnend bei sich selbst.

In diesem Kontext geht es mir auch um Führung. Gute Führung ist ethischen Werten verpflichtet, und lässt sich in Frage stellen. Gute Führung ist transparent und orientiert sich am Gemeinwohl.

»Die Frage ist, wer die Macht hat, das ist alles«, sagt Humpty Dumpty in Lewis Carolls Buch *Alice hinter den Spiegeln*[32]. Macht wozu?

Mit dem Gehorsam geben wir unsere eigenen Gefühle und Wahrnehmungen auf.

ARNO GRUEN,
DER FREMDE IN UNS[31]

// Darsteller gehorchen Befehlen (…).
Das ist der chinesische Geist. //
ZHANG YIMOU, REGISSEUR[33]

Je mehr Macht eine Person innehat, desto mehr Verantwortung trägt sie auch für die Ergebnisse. So sollte es sein. Doch wir stehen noch am Anfang, was Verantwortung angeht.

Ich habe früh gelernt, dass es sinnvoll ist, die Machtverhältnisse zu erkennen und richtig einzuschätzen. Zu wissen, was einen den Kopf kosten kann und was nicht. Sich da unterzuordnen, wo die Machtverhältnisse es erzwingen, im Gymnasium, in der Lehre, beim Militär, im Studium. Sinnlosen Kämpfen aus dem Weg zu gehen, aber dort den Mund aufzumachen, wo unterstützende Resonanz zu erwarten ist.

Eine Welt, in der wir uns als unverwundbare und unbesiegbare Ge-
winner darstellen müssen und in der Versagen und Ohnmacht nur
Verlierer kennzeichnen, wäre eine Welt der Unmenschen, der Blen-
der. »All show, no go.« Wir müssten erfolgreich sein, nur um dem
Versagen zu entkommen. Der Machtwahn, meist von Männern
produziert und von Frauen aufrechterhalten, die diese Männer antreiben, entfacht denselben unmenschlichen Konkurrenzkampf wie
sinnlose Kriege.

Aber sind gefühlvolle Männer und Frauen überhaupt zur Führung geeignet? Dieter Frey, Professor für Sozialpsychologie an der LMU München, zeigt in seinem Buch *Philosophie der Führung* auf, dass ethikorientierte Führung gelingt: »Gute Führung, die sich moralischen Werten verpflichtet sieht, ist auch eine erfolgreiche Führung!«

Erfahrungen mit der Macht der anderen machen wir schon viel eher: mindestens ab der Geburt, wenn nicht noch früher. Daraus entwickelt sich nicht selten eine Abhängigkeit. Babys und Kleinkinder, die genügend Selbstwirksamkeitserfahrungen machen können, die sie darin bestärken, das eigene *Sein* zu entfalten, werden später weniger Interesse an Machtmissbrauch haben.

Macht in der Erziehung

Unser Umgang mit Macht beziehungsweise Ohnmacht wird deutlich (und die Grundlagen dafür werden beim Kleinkind gelegt), wenn unser Baby schreit. Nehmen wir es auf den Arm und beruhigen es, oder lassen wir es mit irgendeiner Ausrede schreien? Suchen wir die Nähe, wenn unser Kind ungehorsam ist, und fragen es: »Warum kannst du gerade nicht mitmachen?« Oder schicken wir es in sein Zimmer, fordern Gehorsam als erzieherische Maßnahme? In der Familie beginnt sich die spätere Gesellschaft zu entwickeln. Wollen wir eine Gesellschaft, in der mehr Wertschätzung, Gleichwürdigkeit, Reflexion stattfindet? Eine Familie, in der sich unsere Kinder gerne noch mit uns treffen wollen, auch wenn wir nur noch alt sind? Dann sollten wir uns gut überlegen, welche Rollenvorbilder wir vorleben, im Umgang mit unserem Partner und unseren Kindern. Wie wir in den Wald der Familie hineinrufen, so schallt es aus der Gesellschaft zurück.

Kinder sollten den Respekt vor dem Menschen und nicht vor der

Macht, Gehorsam, schlechte Führung

Macht lernen, und Erwachsene sollten ihnen das vormachen. So ist die Welt noch nicht, das weiß ich selber, aber wir Erwachsenen sollten schon in der Paarbeziehung damit anfangen, diesen Unterschied deutlich zu machen. Nein, das tu' ich nicht, ich werde dir, oder diesem Menschen, nicht schaden! Wenn dies in der Familie mit den Kindern weitergeführt wird, haben wir immer öfter die Wahl, ob wir uns angemessen wehren oder in einen Dialog kommen wollen.

Bei zu vielen Erwachsenen sitzt immer noch die Überzeugung tief, man sei ein fähiger Erzieher, wenn die Kinder das tun, was man ihnen sagt. Gehorsam ist über Generationen hinweg ein wichtiges Ideal gewesen. In dem Märchen *Das eigensinnige Kind*[34] der Gebrüder Grimm finden wir ein grausames Beispiel dafür:

> Es war einmal ein Kind eigensinnig und tat nicht, was seine Mutter haben wollte. Deshalb hatte der liebe Gott kein Wohlgefallen an ihm und ließ es krank werden, und kein Arzt konnte ihm helfen, und in kurzem lag es auf dem Totenbettchen. Als es nun ins Grab versenkt und die Erde über es hingedeckt war, so kam auf einmal sein Ärmchen wieder hervor und reichte in die Höhe, und wenn sie es hineinlegten und frische Erde darüber taten, so half das nicht, und das Ärmchen kam immer wieder heraus. Da musste die Mutter selbst zum Grabe gehen und mit der Rute aufs Ärmchen schlagen, und wie sie das getan hatte, zog es sich hinein, und das Kind hatte nun erst Ruhe unter der Erde.

Noch beim Tippen dieser Zeilen läuft mir ein Schauer über den Rücken, mit welcher Brutalität hier Gott, Arzt, Eltern vereinnahmt werden – alle, die einem kleinen Kind eigentlich beistehen sollten, wenden sich gegen es, mit der einzigen Botschaft: »Und bist du nicht willig, dann brauch' ich Gewalt.« Wenn diese Botschaften zwischen den Zeilen (nebenbei beim Märchenvorlesen) von Menschen weitergegeben werden, an die ein Kind gebunden ist, das ohne sie nicht lebensfähig ist, dann ist es kein Wunder, dass es (und auch später, als Erwachsener) jeden Widerstand aufgibt und seine Identität verliert. Früher zogen diese Kinder – in ausgewachsenen Körpern – willenlos in den Krieg.

Aber am Ende des Tunnels gibt es Licht, gib es Hoffnung: Schon heute können wir die Früchte der Bemühungen der neuen Elterngeneration sehen. Diese Eltern haben den Rohrstock weggeworfen und sich zusammen mit ihren Kindern auf einen langen, beschwerlichen Weg gemacht. Sie bringen ihnen ihre individuellen Werte bei, ohne sie dabei zu beschämen oder zu kränken. Diese Eltern bringen die erforderliche Anpassungsleistung, um heute mit Kindern auf Augenhöhe zu leben. Dabei ist nicht jeder Versuch von Erfolg gekrönt, da geht auch manches daneben, aber der Trend zu gleichwürdigem Umgang setzt sich durch. Das tut allen gut!

Der (gesellschaftliche) Nutzen ist sogleich sichtbar: Meiner Meinung nach können wir diese Entwicklung bei vielen der heute 15- bis 30-jährigen »Kinder« dieser Eltern beobachten. Die »Generation Y« wird als besonders pragmatisch charakterisiert. Unternehmer und Unternehmensberater fragen uns immer wieder, wie sie mit diesen »neuen Leuten« umgehen sollen. Sie lassen sich nicht kaufen, sind nicht an Macht interessiert, sie passen schlecht in die Köpfe und Konzepte der Entscheider, die heute an der Macht sind.

Ich sehe darin den wesentlichen Unterschied zu meiner Generation. Damals war Prügelstrafe noch ein probates Mittel in Erziehung wie auch in der Schule. Es sind die erfreulichen Folgen der Anstrengungen der jungen Erzieher-, Lehrer- und Elterngenerationen, die sich wirklich mehr um Kinder bemühen. Leider werden Eltern von manchen (die es besser wissen müssten) als »Helikoptereltern« diffamiert, also überfürsorgliche Eltern, die ständig um ihre Kinder kreisen. Dabei gratuliere ich diesen Eltern, die mehr Liebe statt Hiebe geben und es sich damit gewiss nicht leicht machen. Sie sind die Mitbegründer

Hinter jedem herausfordernden Menschen gibt es ein ungelöstes Problem oder verschüttete Fähigkeiten oder beides!

// Schon als Kleinkinder lernen wir zu kooperieren und damit den Forderungen der Erwachsenen nachzugeben, von deren Zuwendung wir abhängig sind. Dabei bleibt unsere Integrität auf der Strecke. Aus der Möglichkeit zu kooperieren entsteht Gehorsam, Unterwürfigkeit. //

einer mitmenschlicheren Kultur. Und wie bei allen neuen Bemühungen schießen manche übers Ziel hinaus. Das alles hat positive Auswirkungen auf unsere gesamte Gesellschaft und bringt endlich die Entwicklung vom Haben zum Sein und zum Mitgefühl mit sich selbst und dem Mitmenschen!

Nicht zuletzt existieren auf diese Weise zwei parallele Erziehungsmethoden, weil es neben den sogenannten »neuen« Eltern viele, sagen wir, ›traditionelle‹ Eltern gibt. Nach deren Meinung schadet eine Ohrfeige nicht. Hier treffen zwei grundverschiedene Haltungen aufeinander. Ja, *eine* Ohrfeige im Leben eines Kindes schadet nicht, wenn der Erwachsene sich sofort dafür entschuldigt und wirklich damit aufhört. Was wirklich schadet, ist der fortwährende Machtmissbrauch gegenüber kleineren Menschen. Der Missbrauch der Definitionsmacht, wenn wir einfach bestimmen und keine Diskussion wollen. Ja, ich weiß, ich bewege mich auf dünnem Eis. Denn es braucht eben auch die Führung der Erwachsenen, wie ich es in diesem Buch

// Autonomie und Anpassung sind die beiden Pole, zwischen denen wir hin- und hergerissen werden. Zum einen streben wir nach möglichst viel persönlicher Freiheit, zum anderen ist für uns die Zugehörigkeit zur Gruppe, zur Familie, besonders wichtig. Doch persönliche Freiheit wird erst möglich, wenn wir unsere Bedürfnisse kennen, nicht wenn wir sie – um der Anpassung willen – verleugnen. //

Macht, Gehorsam, schlechte Führung

im Kapitel »Führung in der Familie, wie geht das?« bereits angesprochen habe. Aber diese Führung, die Ausübung der Macht durch diejenigen, die sie haben, *muss* von Menschlichkeit getragen sein. Sonst disqualifizieren sich diese Menschen in ihrer Führungsfunktion. Dann brauchen sie eine bessere Schulung, die auf die schlimmen Folgen ihres Handelns hinweist und Ideen liefert, was stattdessen zu tun ist.

Christian Pfeiffer, der ehemalige Leiter des Kriminologischen Forschungsinstituts Niedersachsen, weist darauf hin, dass die USA inzwischen für fast 25 Prozent der weltweit registrierten Strafgefangenen verantwortlich sind, obwohl sie weniger als fünf Prozent der Weltbevölkerung ausmachen. Er macht das bis heute bestehende Züchtigungsrecht für Eltern und Lehrer in den USA dafür verantwortlich.

Schlagende Eltern vermitteln ihren Kindern zwei klare Botschaften. Erstens: Strafe muss sein. Zweitens: Der Stärkere darf und soll sich mit Gewalt durchsetzen. Wer mit vielen Schlägen und wenig Zuwendung groß geworden ist, entwickelt ein angeschlagenes Selbstbewusstsein. Solche Menschen sind häufig von Misstrauen und Angst geprägt. Zudem fühlen sie sich durch fremde, andersartig aussehende Menschen eher bedroht – ein Nährboden für Rassismus, Fremdenhass und Einwanderungsfeindlichkeit.[36]

Wie kann eine Gesellschaft erwarten, dass grundsätzliche Beschädigungen des Menschseins ohne Folgen bleiben? Wie deutlich müssen die Zusammenhänge noch werden? Wir wissen: Druck in der Erziehung erzeugt Gegendruck oder Resignation. Beschädigung der Menschenwürde schafft bleibende Wunden; Vernachlässigung in der Erziehung und Ausbildung ziehen langfristig Folgekosten für die Gesellschaft und Leid für das Individuum nach sich.

Wir zahlen weltweit tausende Milliarden für die Folgen, die Unmenschlichkeit mit sich bringt, weil wir die Menschenrechte in Fami-

Krieg bedeutet, dass alte Männer reden und junge Männer sterben.
AUS DEM KINOFILM TROJA[35]

lien und der Gesellschaft nicht umsetzen und nicht dafür sorgen, dass die größte Geißel der Menschheit – die Unmenschlichkeit der Menschen gegen die Menschen – abgeschafft wird. Es geht um die Vision eines neuen Menschen in einer neuen Gesellschaft, wie sie Carl Rogers[37] vorschwebte. Unsere »Umwelt« nimmt ganz direkt auf unsere Paarbeziehungen Einfluss. Statt die Umstände zu analysieren und Stück für Stück zu verändern, verhalten wir uns wie gehorsame Kinder und suchen den Fehler bei uns, statt in unserer oft genug krank machenden Sozialisierung. Die wirklich gefährlichen Feinde einer stabilen Paarbeziehung sind nicht die kernigen Streitigkeiten, in denen sich jeder seiner Haut wehrt so gut es geht. Die wirklichen Feinde einer starken Paarbeziehung sind die fast bedingungslos eingeforderte Loyalität zu unserer Herkunftsfamilie. Die stillschweigenden Vereinbarungen, was man tut und was nicht. Der Wunsch dazugehören zu dürfen, auch wenn wir fast daran kaputt gehen, unser Bemühen, die Anforderungen der andern (die wir uns oft genug nur zurechtdichten), zu erfüllen. Gerade wenn es um harte Auseinandersetzung oder gar Trennung geht, schließen manche Familie diejenige / denjenigen knallhart aus, der den ehernen Gesetzen einer – richtig geglaubten – Familientradition widerspricht. Doch wie gesagt, fängt das Umdenken bereits in der Familie, in der Paarbeziehung an! Hier sind wir alle handlungsfähig, und zu diesem Frieden braucht es Sie beide, zum Krieg reicht einer! Um das zu verhindern, ist es notwendig, sich bewusst zu werden und bewusst zu lösen und auf die Paarbeziehung und den Partner zu konzentrieren statt auf das, was unsere Familie uns mitgegeben hat.

Die Lust an der Unterwerfung

»Er hatte die Instrumente immer verachtet, mit denen Religionen ihre Anhänger ihrer Vernunft und Freiheit berauben: die zeremoniellen Gewänder, den Weihrauch, die heiligen Bücher, die hypnotisierenden gregorianischen Gesänge, die Gebetsmühlen, Gebetsteppiche, Schals und Käppchen, die Bischofmützen und -stäbe, die Oblaten und den Messwein, die Sterbesakramente, die zu uralten Liedern auf und ab wippenden Köpfe und sich wiegenden Körper – all das waren für ihn die Utensilien des wirkungsvollsten und ältesten Schwindels in der Geschichte, eines Schwindels, der den Führern Macht verlieh und die Lust der Gemeinde an Unterwerfung befriedigte.«

IRVIN D. YALOM, DIE SCHOPENHAUER-KUR[38]

Anzeichen für Gleichwürdigkeit in Beziehungen

Natürlich gibt es auch in gleichwürdigen Beziehungen Hierarchien und Status, doch diese dienen und fördern Autonomie und Wachstum der Individuen und schränken diese nicht ein. Zum Beispiel haben Eltern die Entscheidungskompetenz, so lange die Kinder noch kleiner sind. In Paarbeziehungen wird derjenige / diejenige die Entscheidungen vorbereiten, der entsprechendes Fachwissen aufweisen kann. Der andere darf sich darauf verlassen, dass diese Entscheidungen dann auf Kompetenz und nicht Machtbewusstsein basieren.

Ein Zeichen des Fortschritts in Richtung Menschlichkeit ist zum Beispiel in unserer Gesellschaft, wenn Vorgesetzte sich eher zurücknehmen (um Freiraum für neue Projekte zu schaffen), als durch Kontrolle unabkömmlich zu wirken. Führungspositionen sollten als Rollen verstanden werden, die ein Mensch aufgrund seiner Qualifikation innehat und nicht, weil der andere zu schwach ist, um sich ihm entgegenzustellen. Eine Kultur der Gleichwürdigkeit fördert persönliche Sprache: »Mir geht es nicht gut, ich brauche …« ist somit ein Zeichen für Beziehung auf Augenhöhe. Auch Gefühle wie: »Ich gehöre mir und sonst niemandem; mich kann niemand besitzen. Ich erfahre

Wertschätzung durch andere und bin in der Lage, mich und dich wertzuschätzen. Ich sehe meine Unterschiedlichkeit zu anderen, das macht jeden Menschen einmalig und besonders geeignet für eine spezielle Aufgabe.«

Gefühle sind erwünscht. Sicherheit entsteht beim Individuum wie in der Gruppe, weil Schritt für Schritt Vertrauen aufgebaut wird. Seelische Schmerzen oder Unwohlsein dürfen sowohl wahrgenommen als auch ausgedrückt werden. Sie sind ein Signal für anstehende, nötige Veränderungen. Respekt ist keine Worthülse mehr. Die Integrität bleibt gewahrt. Es gibt ein hohes Maß an Eigenverantwortung *und* Verantwortung für die Gemeinschaft. Dadurch entstehen ein stabiler Selbstwert und angemessenes Selbstvertrauen. Ich erfahre Vertrauen, ich kann vertrauen.

Mir ist klar, dass wir alle auf dem Weg sind, uns von einem der beiden oben beschriebenen Leitbilder zum anderen zu entwickeln. Ich bin auch der Meinung, dass dies in der Paarbeziehung beginnt und – über Kinder – in die Familie weitergetragen wird, um dann in der Gesellschaft anzukommen, über Generationen hinweg. Die Haltung »Ich weiß, was das Richtige für dich ist; ich will, dass du das tust, was ich will« wird sich zu mehr Selbstbestimmung, Eigenverantwortung, Gleichwürdigkeit hinentwickeln.

Veränderung wird ermöglicht durch belastbare Beziehungen. Wir alle können uns nur selbst dazu entscheiden, uns zu entwickeln. Dazu müssen wir uns so akzeptieren, wie wir sind. Wir können es schaffen, unsere Wutausbrüche zu steuern und mit der Wut der anderen konstruktiver umzugehen. Dabei sollten Probleme zwei Prozesse durchlaufen: einen Heilungs- und einen Lernprozess. Die beiden Kreise in den folgenden Abbildungen, die jeweils für Gewalt beziehungsweise Gewaltlosigkeit stehen, beruhen auf Erfahrungen und Umfragen des *Domestic Abuse Intervention Program* in Duluth, Minnesota, USA.

Die blaue Grafik (GEWALT) zeigt, wie sich Partner, hier insbeson-

dere (aber nicht ausschließlich) Männer, verhalten, um Macht und Kontrolle über den Partner zu erhalten.

Die gelbe Grafik (GEWALTLOSIGKEIT) zeigt, wie sich beide Partner verhalten können, um Gewaltlosigkeit und Gleichwertigkeit zusammen mit dem Partner zu leben. Der gelbe Kreis stellt sozusagen den erlösten, gelösten Aspekt des blauen Kreises dar. Die Geschlechterrollen sind manchmal austauschbar, und natürlich zeigen auch Frauen ein ähnliches Verhalten, sie tun es allerdings statistisch seltener. Verwenden Sie die Kreise, um sich in der Gegenüberstellung das veränderte Verhalten von GEWALT hin zu GEWALTLOSIGKEIT zu verdeutlichen.[39]

physische **GEWALT** sexuelle

Macht und Kontrolle

Wirtschaftliche Abhängigkeit
Er hält sie davon ab, den Job anzunehmen oder zu behalten • Er lässt sie um Geld bitten • Gibt ihr Haushaltsgeld • Nimmt ihr Geld • Hält sie über das Familieneinkommen im unklaren

Anwendung von Nötigung und Drohungen
Er droht/schreit, um sie zu verletzen • Er droht, sie zu verlassen/sich umzubringen • Er zwingt sie, Vorwürfe zurückzunehmen und zu kriminellen Handlungen

Ausnutzen von Männerprivilegien
Der Mann behandelt sie wie eine Magd • Er behält sich alle wichtigen Entscheidungen vor • Spielt sich als Herrscher auf • Er maßt sich an, die Rolle des Mannes und der Frau zu bestimmen

Einschüchterndes Verhalten
Der Mann ängstigt die Frau mit Blicken, Handlungen, Gesten • Er zerschlägt Dinge, zerstört ihr Eigentum, schlägt Haustiere, droht mit Waffen

Kinder werden missbraucht
Der Mann verursacht ihr Schuldgefühle wegen der Kinder • Benutzt die Kinder als Boten • Benutzt Besuche, um sie zu belästigen • Droht ihr, die Kinder wegzunehmen

Emotionaler Missbrauch
Der Mann macht sie fertig, indem er ihr einredet, sie sei schlecht, sie mit Schimpfnamen belegt, sie als verrückt hinstellt, Psychospiele treibt, sie demütigt, ihr Schuldgefühle gibt

Verniedlichen, verleugnen, beschuldigen
Er verharmlost Missbrauch • nimmt ihre Belange nicht ernst • Behauptet, der Missbrauch fand nicht statt • Wälzt die Verantwortung dafür ab • Sagt, sie sei selbst schuld

Isolation
Er kontrolliert, was sie tut, wen sie trifft, mit wem sie spricht, was sie liest, wohin sie geht • Er beschränkt ihren Kontakt zur Außenwelt • Rechtfertigt mit Eifersucht seine Handlungen

Macht, Gehorsam, schlechte Führung

GEWALTLOSIGKEIT

Gleichwertigkeit

Wirtschaftliche Partnerschaft
Geldentscheidungen werden zusammen getroffen • Sicherstellen, dass beide Partner von den finanziellen Entscheidungen profitieren

Verhandeln und Fairness
Suche nach gemeinsam zufriedenstellenden Lösungen im Konfliktfall • Akzeptieren von Veränderungen • Kompromissbereitschaft

Gemeinsame Verantwortung
Die Arbeit wird fair und im gegenseitigen Einvernehmen verteilt • Entscheidungen die Familie betreffend werden gemeinsam getroffen

Verhalten ohne zu drohen
Der Mann spricht und handelt so, dass die Frau sich wohlfühlen, sich selbst ausdrücken und selbst handeln kann.

Vertrauensvolle Elternschaft
Der Mann beteiligt sich an den elterlichen Pflichten • Er ist ein gutes Leitbild der Gewaltfreiheit für seine Kinder

Respekt
Der Mann hört ihr zu, ohne gleich zu (ver-)urteilen • Er bestärkt sie und ist verständnisvoll • Er achtet ihre Meinung

Ehrlichkeit und Verantwortung
Der Mann übernimmt die Verantwortung für sein Tun • Er bekennt sich zur früheren Anwendung von Gewalt • Er gibt zu, Fehler zu machen • Er spricht offen und wahrheitsgetreu

Glaubwürdigkeit und Unterstützung
Der Mann unterstützt die Ziele der Frau im Leben • Er achtet ihr Recht auf eigene Gefühle, Freundinnen, Aktivitäten und Meinungen

Macht und Ohnmacht

Macht und Ohnmacht in Beziehungen sind eine Thema bei all jenen, die die Definitionsmacht über andere für sich beanspruchen, indem sie eigene Gesetze schaffen. Aber auch für jene, die sich sang- und klanglos unterordnen wollen. Manchmal kommen Paare tatsächlich unter der stillschweigenden Vereinbarung zusammen, dass der eine über den anderen bestimmen darf und sich der andere unterordnet. So haben es die beiden in ihren Herkunftsfamilien gelernt und erlebt. Der eine führt, der andere folgt. Das halten sie für »richtig«. So weit, so gut. Probleme beginnen, wenn die, die sich bisher unterordneten, das nicht mehr wollen. Etwa weil sie erkennen, dass das »Führen« nicht dem Wohl der Familie dient, sondern dazu, die eigenen Glaubenssätze durchzusetzen, den anderen Familienmitgliedern die eigenen Überzeugungen überzustülpen, um die Kontrolle zu behalten. Wenn ein Partner nicht mehr mitmacht, gerät das fragile Gebilde der stillschweigenden Vereinbarungen ins Wanken. Oft waren es bisher die Frauen, die den Machtanspruch »ihrer« Männer in Frage stellten.

Im Laufe einer Partnerschaft verändern sich die stillen Abkommen. Manche nennen es Siebenjahreskrise. Ich nenne es Wachstum. Hier wächst ein Mensch der Gleichwürdigkeit entgegen. Manche Paare (eher die Ehemänner) schauen mich ganz verwundert an, wenn ich diese stillschweigenden Abkommen zur Sprache bringe, weil ich den Eindruck habe, dass dies das Problem hinter dem Symptom sein könnte, wegen dem das Paar gekommen ist. »Aber das ist doch selbstverständlich«, höre ich dann den Ehemann sagen, worauf seine Frau fragt: »Und wem gehört das Haus, die Firma? Dir. Und wer hat den 400-Euro-Job? Ich!« »Ja, aber das kann man doch nicht vergleichen. Du hast doch alles, was du brauchst!«, entgegnet er dann meistens darauf.

// Macht verspricht uns die Lebenssicherheit, die wir als Kinder oft nicht hatten. Schon in frühester Kindheit erlebten wir, dass unsere Eltern durch Machtgebrauch das bekommen, was sie von uns wollen. Daraus folgern manche: Je mehr Macht ich besitze, umso größer ist meine Sicherheit, nicht von anderen manipuliert zu werden. Oft genug versuchen wir dann auch unsere nächsten Menschen zu besitzen oder passend zu machen. //

Es ist kaum zu glauben, aber es gibt immer noch sehr viele Paare, die nicht in der Lage sind, auf Augenhöhe miteinander zu leben und die entsprechenden Konsequenzen zu ziehen, beispielsweise das Einkommen des Mannes zu teilen, wenn die Frau und Mutter in den ersten drei Jahren zu Hause bleibt. Ein Mann in einer Partnerschaft (nicht verheiratet) sagte: »Aber es ist doch selbstverständlich, dass wir das Einkommen teilen, wenn meine Frau zu Hause bleibt, weil wir beide wollen, dass die Kinder bis zum Kindergarten mit ihr zusammen sind. Das ist doch unser gemeinsames Geld. Ich könnte doch gar nicht arbeiten, wenn sie nicht für die Kinder da wäre. Und ich will, dass meine Kinder die beste Zuwendung bekommen, die sie haben können, und die kommt von ihrer Mutter. Das hat seinen Preis. Den bin ich, sind wir, bereit zu bezahlen. Wir haben auf Neuanschaffungen verzichtet und haben in den drei Jahren kaum Urlaub gemacht. Heute, in der Rückschau, empfinden wir das nicht als Verlust, sondern als Gewinn. Es war allerdings schon ein bisschen komisch, wenn ich mit meinen Kollegen darüber gesprochen habe. Die meinten, ich lasse mir auf der Nase rumtanzen, würde die Hosen runterlassen. Eine Kollegin sagte, ich solle dringend mit ihrem Mann sprechen.«

Macht und Sexualität

Zum Thema Macht gehört nach meinem Verständnis auch der heutige Umgang mit Sexualität. Ich finde, dass Paare dieses Thema besser gemeinsam besprechen sollten statt mit Außenstehenden. Warum? Meiner Meinung nach ist es schon ein großer Schritt, Beratung zu suchen und anzunehmen, und man muss aufpassen, dabei nicht die Autorität über das eigene Handeln zu verlieren. Ein noch größerer Schritt ist es, sich im Intimsten zu zeigen. Viele sind hier unerfahren und besonders verletzlich. Es gibt eine Scheu, Intimes beim Namen zu nennen. Deshalb empfehle ich an dieser Stelle zwei Bücher von Autoren, die viel darüber wissen. Das eine ist von David Schnarch und hat den Titel *Die Psychologie sexueller Leidenschaft*. Ich habe es einmal einer Klientin empfohlen und sie meinte dazu, dieses Buch habe ihre Ehe gerettet. Das andere Buch heißt *Guter Sex trotz Liebe: Wege aus der verkehrsberuhigten Zone* und wurde von Ulrich Clement, einem erfahrenen Sexualtherapeuten, verfasst.

Die Idee von der Kombination aus stabiler, sicherer Verbindung und leidenschaftlicher Lust über die gesamte Zeit der Ehe kam erst in den letzten beiden Jahrhunderten auf. Doch diese Form der Ehe stellt die Quadratur des Kreises dar, sie funktioniert nur in der Theorie. In der Praxis wird häufig entweder die vertraute, sichere Verbindung

> Was man schon hat, kann man nicht mehr begehren.
> ULRICH CLEMENT, SEXUALFORSCHER[40]

vermisst oder die Erfüllung der individuellen Liebeswünsche findet nicht statt.

Als Paarberater höre ich immer wieder, dass das Paar (oder zumindest ein Partner) unzufrieden damit ist, wie Sexualität in der Beziehung gelebt wird. Ich gehe nie auf die einzelnen Bedürfnisse ein, zum einen, weil ich mich auf dem Gebiet zu wenig auskenne, zum anderen bin ich der Meinung, dass Sexualität nur die Spitze des Eisbergs ist. Ich finde auch, dass Sex überbewertet wird. Gern wird darüber gestritten, um alte Rechnungen zu begleichen. Bleiben Sie lieber im Gespräch, ziehen Sie notfalls einen professionellen Vermittler hinzu, der nicht in Ihre Macht beziehungsweise Ohnmachtspiele verwickelt ist und deshalb nicht mitspielt. Er kann Ihnen objektives Feedback geben und damit die alten Mechanismen auflösen.

Es gibt Sex ohne Liebe, Liebe ohne Sex, und beides ist nicht so verbunden, wie wir uns das vielleicht einreden wollen. Als »Coolidge-Effekt« wird in der Psychologie der wachsende Überdruss bezeichnet, der sich einstellt, wenn ein Individuum ohne Abwechslung immer wieder mit demselben Paarungspartner kopuliert. Er bezieht sich auf folgende Anekdote: Calvin Coolidge, in den zwanziger Jahren Präsident der Vereinigten Staaten, und seine Frau besuchten eine Farm. Grace Coolidge sah einen Hahn beim Besteigen einer Henne, und man erklärte ihr, dass der Hahn den Paarungsakt bis zu zwölfmal am Tag vollziehe. Frau Coolidge darauf: »Sagen Sie das meinem Mann!« Als dieser später davon erfuhr, hakte er nach: »Jedes Mal mit derselben Henne?« – »Nein, jedes Mal mit einer anderen.« Darauf Calvin Coolidge: »Sagen Sie das meiner Frau!«

Die amüsante Episode spielt auf den Wunsch nach Abwechslung an, aber dahinter steht eben auch die Wunschvorstellung, dass unsere Sexualität immer noch prickelnd und so taufrisch wie am ersten Tag sein sollte und das, obwohl wir älter werden, die Kinder aus dem Haus sind und alles Leben seinen Weg geht. Das ist sie eben nicht

mehr, auch die Sexualität kommt in die Jahre und allein der Vergleich, wie es mal war, ist unfair, und dem Vergleichen halten wir auf allen anderen Ebenen auch nicht stand. Wieso sollten wir uns schlecht fühlen, wenn wir den Sex haben, der zu uns passt?

Das Glück in unseren Beziehungen hängt nicht vom Sex ab – wenn wir das nicht wollen. Und ich fürchte, viele von uns müssen sich entscheiden, ob für sie die langjährige, gute Verbindung wichtiger ist oder die Erfüllung des erotischen Begehrens. Wenn es Ihnen gelingt, sich darüber mit Ihrem Partner, Ihrer Partnerin auszutauschen, wird das Ihre Beziehung stärken. Ihr Verzicht ist nicht dem Partner anzulasten, sondern Sie können einen Preis zahlen, der in jeder Paarbeziehung zu bezahlen ist. Lust und tiefe Verbindung sind zwei Pole, die manchmal sehr weit auseinanderliegen und die wenigsten Menschen zusammenhalten.

Sex ist eigentlich die elementarste Form von Anerkennung. Unbefriedigender Sex ist ein wichtiger Hinweis auf eine gestörte Kommunikation und oft auch einen Mangel an gegenseitiger Bestätigung. Wenn einer von beiden das Gefühl hat, schlecht behandelt zu werden, wenig wertgeschätzt zu werden, wenig Anerkennung zu bekommen oder Ähnliches, ist es kein Wunder, dass sie oder er keine Lust mehr hat, mit dem Partner zu schlafen. Mir gefällt der Begriff »Sexualität, die den Alltag übersteht« gut. »Sexualität, die den Alltag übersteht« hat nichts mehr mit Verliebtheit zu tun, es ist eher eine erwachsene Sexualität. Sie hat nur überhaupt nichts mehr mit der Bilderwelt der Werbung in Magazinen, Fernsehen und dergleichen zu tun. Mit diesen Idealbildern, die sich täglich in unsere Köpfe drängen, weil sie uns auf Schritt und Klick begegnen, haben weder Sexualität noch Alltag etwas gemein. Sex wird verletzlich durch Ideale, die nur in unserem Kopf funktionieren. Diese Träume sind fürs echte Leben nicht gemacht, denken Sie dran! Es ist ganz schön, sie zu haben, aber für gute Beziehungen ist es tödlich, sie mit der Realität zu verwechseln. Und aus einem Moment einen Dauerzustand machen zu wollen, geht schief.

Wir leben in einer Kultur, die es begründungspflichtig findet, wenn man keine Lust auf Sexualität hat.

Aggression und der Umgang damit

In ihrer Dankesrede zum Friedenspreis des Deutschen Buchhandels im Jahr 1978 erzählte Astrid Lindgren folgende Geschichte: »Eines Tages hatte ein kleiner Junge etwas getan, wofür er nach Meinung seiner Mutter eine Tracht Prügel verdiente, die erste in seinem Leben. Er sollte nun im Garten selber nach einem Stock suchen und der Mutter bringen. Ihr Sohn kam weinend zurück und sagte: ›Ich habe keinen Stock finden können, aber hier hast du einen Stein, den kannst du ja nach mir werfen.‹ Da fing auch die Mutter an zu weinen, denn plötzlich sah sie alles mit den Augen des Kindes. Sie nahm ihren Sohn in die Arme. Dann legte sie den Stein auf ein Bord in der Küche. Dort blieb er liegen, als ständige Mahnung an das Versprechen, das sie sich in dieser Stunde selber gegeben hatte: Niemals mehr Gewalt!«[42]

> Begabung ist viel-leicht überhaupt nichts anderes als glücklich sublimierte Wut (…)
>
> THEODOR W. ADORNO, MINIMA MORALIA[41]

Aggression ist eine Reaktion auf Frustration. Häufig wird sie durch Stress oder Wut ausgelöst. Sie ist aber nicht dasselbe wie Gewalt! Gewalt lehnen wir ab und verbieten uns deshalb unsere Aggressionen – und den anderen ihre gleich dazu. Doch Aggression ist eine Lebenskraft, Wut ein lebensnotwendiges Grundgefühl. Deshalb hat uns die Natur mit der Bereitschaft zur Aggression ausgestattet. Unsere Fähigkeit zur Aggression stellt unserem Körper die Energie zur Verfügung, die wir fürs Überleben brauchen. Wir können aggressiv sein, wenn unsere Grenzen verletzt werden oder wenn wir uns bedroht fühlen. Meine Wut blockiert aber auch mein Denken. Schnell bin ich »außer mir« und kann keinen klaren Gedanken mehr fassen, wenn meine tiefer liegenden Hirnregionen (wie das Stammhirn) das Zepter übernommen haben. Es kann sein, dass ich die Kontrolle über mein Handeln verliere, nur noch meinem Instinkt folge und sich meine Wahrnehmung zum Tunnelblick verengt. Dann kann ich unter Umständen keine klaren Entscheidungen mehr treffen.

Doch selbst destruktive Aggression ist beeinflussbar. Indem ich mir mein eigenes Aggressionspotenzial eingestehe, kann ich seine Explosionskraft in bewusstes Handeln umlenken und so verhindern,

// Bindung, Zugehörigkeit und Akzeptanz sind überlebenswichtig. Sind sie bedroht, reagieren die Alarmsysteme des menschlichen Gehirns. Als unmittelbare Folge zeigen sich Angst und Aggression. //

PROF. DR. JOACHIM BAUER, NEUROBIOLOGE,
ARZT UND PSYCHOTHERAPEUT[43]

dass sie unbewusst mein Verhalten bestimmt. Denn dies führt häufig zu Boshaftigkeiten, Destruktivität und Depression. Aggressive Energie lässt sich zum Beispiel durch Ausdauersport transformieren.

Hinter meiner Wut steht Trauer

Für manche reicht das unter Umständen nicht aus. Ihnen helfen vielleicht die folgenden Gedanken, die sich ein Betroffener dazu gemacht hat: »Ich hatte in meinen Reaktionen keine Wahl. Wenn ein bestimmter Punkt überschritten wurde, war ich wie fremdgesteuert. Ich habe erlebt, dass ich an die Wurzeln meiner Wut, meiner Aggression kommen kann. Dass es mir hilft, an den Kern früherer Ereignisse in meinem Leben zu gelangen. Es hilft mir, meine Narben zu sehen, meine Verletzungen anzuschauen, die ich als Kind erlitten habe, und zu erkennen, dass ich ihnen damals fast hilflos ausgeliefert war. Heute ist das anders: Heute kann ich mich wehren, weil ich den Schmerz von damals erkenne und fühle und traurig sein darf. Hinter meiner Wut steht Trauer. Meine Trauer darüber, dass ich damals verletzt wurde. Endlich schaue ich diese Trauer an. Das heilt. Das tut mir gut. Allmählich finde ich in diesem Bereich zu Gelassenheit. Ich kann frei werden von meiner Wut. Das tut mir und den anderen gut. Mein Verhalten tut mir leid. Zum Glück erkenne ich inzwischen, dass meine Wut mir auch geholfen hat: Ich kann mich wehren, ich kann unsere Partnerschaft und unsere Familie verteidigen. Das spüren andere und dadurch werden unnötige Konflikte vermieden.«

Der kleine Bruder der Wut ist der Ärger, er gibt uns die nötige Kraft, um unsere Ziele doch noch zu erreichen. Ärger regt zum Handeln an, er ist ein wichtiger Impulsgeber. Wir ärgern uns, weil wir einem Ereignis eine bestimmte Bedeutung zuschreiben. Doch Menschen sind verschieden: Was den einen ärgert, lässt den anderen kalt. Ärger zeigt uns somit unsere persönlichen Grenzen auf. Ausgelöst wird er durch psychische wie körperliche Angriffe, Demütigung, soziale Ausgrenzung, Abwertung. Manche Menschen werden auch zornig – das ist allemal besser, als zu verzweifeln.

Entscheidend ist die Fähigkeit, mein Gefühl wahrzunehmen und mich zu fragen: Wie gehe ich mit meinen Aggressionen um? Wie bringe ich sie zum Ausdruck? Gibt es eine Möglichkeit, sie an einem neutralen Ort zu entladen, damit sie sich nicht gegen andere Menschen richtet? Natürlich könnte ich sie auch unterdrücken, doch dann steigt sie schnell als Sarkasmus, Abwertung, beißende Ironie wieder hoch. Findet sie kein Ventil im Außen, wendet sie sich gegen mich selbst, in Form von selbstverletzendem Verhalten: Richte ich meine Aggression eher gegen mich? Gebe ich eher mir die Schuld oder eher den anderen? Schlucke ich den ganzen Ärger und versuche, ausgleichend zu sein?

// Stress vor und während der Geburt bilden eine wahr-
scheinliche Wurzel für das spätere Aggressionspotential. //

DR. HANS-OTTO THOMASHOFF, PSYCHOANALYTIKER[46]

Ein Streit in der Paarbeziehung hat zwei Seiten: Einerseits ist er reinigend, andererseits fruchtbar: Wenn wir mit dem Streit etwas *für uns beide* erreicht haben, war er konstruktiv und wohltuend. Wir fühlen uns anschließend erleichtert. Wird der – bereits mit Ungelöstem gefüllte – Rucksack durch diesen Streit aber noch voller, war dieser destruktiv, das heißt, es wird wieder zu Streit kommen, doch ohne Aussicht auf eine Lösung. Es gilt also destruktiven Streit in konstruktiven zu verwandeln. Wie geht das?

Vom destruktiven zum konstruktiven Streit

Auch bei der Entwicklung unserer Streitkultur brauchen wir Zeit und einen Grund für Veränderung. Ein guter Grund könnte sein: Ich wünsche mir mehr Leichtigkeit in unserer Partnerschaft. Ich will keine sinnlosen Debatten mehr führen. Lass uns darüber reden, wie es für dich und für mich ist. Jeder aus seiner Sicht, ganz subjektiv: »Mich nervt, wenn du …«; »Ich halte nicht aus, dass du …«; »Es wäre mir eine große Hilfe, wenn du …«. Dann zeichnen sich viel eher Lösungswege ab.

Früher war für viele die Lösung gleichbedeutend mit »Du machst, was ich will«. Heute bedeutet Lösung, nach meinem Verständnis: »Wir lösen uns beide von unseren festgefahrenen Positionen. Der eine etwas mehr, der andere etwas weniger. *Ich* sehe die Welt so und so; so erscheint sie *mir* richtig. *Du* siehst die Welt anders, so erscheint sie *dir* richtig. Jetzt ist es an uns – zuerst jeder für sich, dann gemeinsam –, herauszufinden, was für uns verhandelbar ist und was nicht. Wo wir bereit sind, auf den anderen zuzugehen, uns von Eigenem zu lösen und Neues hereinzulassen und wo nicht. Nur so gelangen wir zu einer Lösung.«

Aggression und der Umgang damit

Paarbeziehungen bieten hier eine gute Chance, die eigenen über-
nommenen Ansichten und Verhaltensweisen auf den Prüfstand zu
stellen und sich um der Beziehung willen von ihnen zu lösen. Die in-
tensive Auseinandersetzung mit dem Thema Aggression führt zu
einer Win-win-Situation: Zum einen erweitern Sie langfristig das
Spektrum Ihrer Reaktionsmöglichkeiten; das kann Ihre Partnerschaft
stärken, indem beispielsweise der Partner entlastet wird; zum anderen wird es, falls Sie Kinder haben, diese mit Sicherheit ebenfalls
stärken.

// Ein Schlüsselfaktor zur psychischen
Gesundung besteht darin, als Person
unbedingte Wertschätzung zu erfahren. Also eine Wertschätzung, die
nicht an Bedingungen gebunden ist. //
CARL ROGERS, PSYCHOLOGE UND PSYCHO-
THERAPEUT (1902–1987)[47]

Wenn Eltern sich streiten, werden die Spiegelneurone der Kinder akti-viert. Und da seelischer Schmerz wie körperlicher Schmerz verarbeitet wird, bekommen die Kinder körperliche Schmerzen, Panik, Wut, Ekel, Scham, Ohnmacht, Hilflosigkeit, Hassattacken. Da die Bindungsper-sonen beschäftigt sind, erhält das Kind keinen Schutz.

PROF. DR. KARL HEINZ BRISCH, KINDER- UND JUGENDPSYCHIATER UND BINDUNGSFORSCHER[48]

Wir wissen, dass unser »verjährter« Schmerz als Zorn, Hass und Wut zum Ausdruck kommt, und es sind leider ausgerechnet diese Ge-fühle, die unsere Gesellschaft hart und gnadenlos niederschlägt, wenn sie sich in zwischenmenschlichen Beziehungen, im Kindergar-ten, in Schule oder Familie bemerkbar machen. Bei einem Wutanfall reagieren wir je nachdem, wie wir mit unserem Aggressionspoten-zial umzugehen gelernt haben: die einen blind vor Wut, nicht mehr Herr ihrer selbst, bereit zum Kampf oder zur Flucht, die anderen wie betäubt, empfindungslos, unfähig zu reagieren.

Ein erster Schritt wäre, sich zu fragen: Kann ich mein Verhalten wahrnehmen, wie reagiere ich? Kann ich die eigenen Wunden an-schauen, spüren, zulassen? Weitere Fragen wären: Ist meine Interven-tion, mein Verhalten, meine Reaktion symptomschaffend, sympto-merhaltend oder gar symptomheilend? Erreiche ich überhaupt mein Ziel, wird es besser, ändert sich nichts, oder wird es schlimmer? Kann ich Menschen und Probleme voneinander getrennt sehen? Oder werfe ich beide in einen Topf und wundere mich über »unangemes-sene« Reaktionen? Ein Beispiel: »Dein Zimmer ist ein Riesensaustall.« Mit diesem Satz spreche ich ein bestimmtes Problem an, aber der An-gesprochene könnte ihn leicht als persönlichen Angriff verstehen. Menschen reagieren häufig nicht auf eine sachliche Feststellung, son-dern nehmen sie persönlich (»Du bist falsch«) und wehren sich gegen den vermeintlich persönlichen Angriff, statt auf die sachliche Feststellung zu reagieren. Selbst bei aller Vorsicht läuft dieser Prozess nahezu automatisch ab.

Wir sollten uns allerdings bewusst machen, dass unsere Wahrnehmung uns häufig täuscht. Sie ist nicht *die* Wahrheit, sondern unsere persönliche Wahrheit, unsere individuelle Sicht der Dinge, und die ist naturgemäß subjektiv gefärbt und von Wahrnehmungsfehlern getrübt. Diese Fehler schleichen sich besonders leicht bei der Einschätzung anderer Menschen ein:

- Der erste Eindruck ist oft sehr prägend und überlagert auch spätere, andersartige Erfahrungen.
- Manchmal nehmen wir nicht wahr, wie sich die Person wirklich verhält, sondern sehen das Bild, das wir von ihr haben: »Deine Mutter denkt doch sowieso schlecht über mich …«
- Manchmal denken wir in Kategorien, Gruppen: »Die Chinesen, die Politiker, Lehrer sind …«
- Manchmal nehmen wir bei unserem Gegenüber besonders die Eigenschaften wahr, die wir auch haben und mögen oder die wir nicht haben und/oder ablehnen.
- Oder wir projizieren auf den anderen Eigenschaften, die wir bei uns nicht wahrhaben wollen.

Hinzu kommt, dass Selbstwahrnehmung und Fremdwahrnehmung (also wie andere uns sehen) selten übereinstimmen. Das können wir ändern, indem wir uns darüber unterhalten: Wie sehe ich mich, wie siehst du mich?

Aggression – der Umgang mit meinen Gefühlen, keine Angst vor meiner Aggression und jener der anderen zu haben – ist heute immer noch ein Tabuthema. Wenn ich meine Aggression nicht kenne, ist das wie die Büchse der Pandora: Ich weiß nicht, welches »Monster« sich in mir versteckt und was passieren wird. Die gute Nachricht ist:

Wir können es schaffen, unsere Gefühle wieder in Besitz zu nehmen. Können langsam lernen, uns selbst zu steuern. Dabei hilft die Erkenntnis: Ich bin nicht meine Wut! Auch wenn es sich überhaupt nicht so anfühlt. Ich habe die Wahl, wie ich mit ihr umgehen will. So betrachtet, stimmt der Hinweis des bekannten Gestalttherapeuten Fritz Pearls, dass wir unsere Gefühle besitzen, nicht umgekehrt.

Verhandlungspartner sind zuallererst Menschen. Ob juristische Auseinandersetzungen oder internationale Verhandlungen – eine Grundtatsache wird leicht vergessen: dass die »Gegenseite« nicht aus abstrakten Repräsentanten besteht, sondern aus Menschen. Sie werden von Gefühlen geleitet, von tiefverwurzelten Werten. Sie stammen aus unterschiedlichen Bereichen, vertreten gegensätzliche Standpunkte, und sie sind nicht vorausberechenbar. Für Sie selbst gilt das übrigens ganz genauso. Missverständnisse provozieren Vorurteile und Reaktionen, die wiederum Gegenreaktionen auslösen – ein endloser Kreislauf beginnt. Vernünftige Lösungsversuche werden unmöglich; die Verhandlungen scheitern. Das ganze Spiel zielt dann nur noch darauf ab, Punkte zu sammeln, negative Eindrücke zu verstärken und die Schuld zu verteilen; alles auf Kosten der sachlichen Interessen beider Seiten. Jeder Verhandlungspartner hat zwei Grundinteressen: Das eine bezieht sich auf den Verhandlungsgegenstand, das andere auf die persönliche Beziehung. Jeder Verhandlungspartner sucht nach Übereinkünften, die seine sachlichen Interessen befriedigen. Darum verhandelt er ja. Darüber hinaus hat er aber auch ein Interesse an seiner Beziehung zur »Gegenseite«.
R. FISHER, W. URY, B. PATTON, RECHTSWISSENSCHAFTLER[49]

In Paarbeziehungen verhält es sich nach meiner Erfahrung genauso wie in der internationalen Diplomatie oder Wirtschaft. Wir befinden uns in einem ständigen Prozess der Verhandlung, darüber, wo wir ko-

Aggression und der Umgang damit

operieren oder wo wir unsere Integrität schützen. Ob wir ein Stück unserer Freiheit zugunsten des Gemeinsamen aufgeben können/wollen oder ob wir unsere Autonomie nicht schmälern lassen wollen. Wenn wir es schaffen, unsere Bedürfnisse nach Zugehörigkeit einerseits und nach Autonomie andererseits auszubalancieren, dann entsteht Zufriedenheit in der Paarbeziehung. Und die muss immer wieder neu verhandelt werden.

Wer selbst nicht aggressiv sein kann, lehnt Aggressionen bei sich und anderen ab.

Formen der Aggression

Wohlgemerkt: Es geht nicht darum, nie oder möglichst selten aggressiv zu sein, sondern darum, *wie* ich meinen Ärger, der ja nur menschlich ist, in einem bestimmten Moment ausdrücke. Damit mir mein Verhalten klar wird und ich lerne, auch damit umzugehen, dass mein Partner auf seine Art aggressiv wird.

Aggression kann verschiedene Formen annehmen. Im Folgenden habe ich die meiner Meinung nach für das Miteinander in der Beziehung wichtigsten aufgelistet:

Pure Aggression ist sozusagen der unerlöste Aspekt der Aggression. Schimpfen, Fluchen, Schreien, das Zerstören von Gegenständen – das sind seine Kennzeichen. Dabei wird viel heiße Luft produziert, aber wirksam sind solche Ausbrüche nicht, denn die Beteiligten erleiden Schaden oder sind zumindest sehr erschrocken. Wenn diese Form der Aggression öfter auftritt, gibt es irgendwann »friendly fire« – man wird deshalb von seinen eigenen Leuten »angeschossen«.

Passive Aggression ist die nicht offen gelebte Aggression, ein Verhaltensmuster, das meist verdeckt in Paarbeziehungen zu finden ist. Der passiv-aggressive Partner wirkt nach außen durchaus liebevoll und bemüht und wird von anderen als zugewandt erlebt. So verhalten sich oft Menschen, die ihre Aggression stets unterdrücken mussten und Wutgefühle nie offen leben durften. Manchmal ist eine Auseinandersetzung auf der Erwachsenenebene dann nicht möglich, weil sich die Betreffenden wie Teenager verhalten. Beispiele für passiv-aggressives Verhalten sind: Informationen und Wissen werden nicht weitergegeben, man lässt den Partner einfach »auflaufen« und tut danach ganz harmlos. Hat man einen Fehler gemacht, leugnet man ihn.

Mit versteckter Aggression handeln Menschen, wenn sie ihre wahre Haltung verheimlichen und kaum Gefühle zeigen. Ihr Verhalten stimmt nicht mit ihren wahren Gedanken überein, sie tun nur so, als sei alles in Ordnung. In Wahrheit können sie aber ihren Ärger einfach nicht zugeben. Versteckte Aggression ist eine verkappte Art, seinen Ärger auszudrücken, in der Hoffnung, das Gegenüber möge bitte von selbst merken, dass etwas nicht stimmt. Wenn das nicht funktioniert, wird geschmollt, üble Laune verbreitet, Entscheidungen werden aufgeschoben oder zumindest hinausgezögert. Oft nimmt der/die Betreffende versteckt Rache oder führt Aufgaben bewusst falsch aus.

Wirksamkeit und Durchsetzungskraft sind sozusagen der erlöste Aspekt der Aggression: Ich habe es geschafft, meinen Ärger direkt und respektvoll in Worte zu fassen. Ich brauche die Stimme nicht zu erheben. Ich spreche von mir und nicht von dir. Ich nehme immer wieder Augenkontakt auf. Wenn ich lerne, mich selbst zu steuern, auch in Situationen, in denen mir sonst immer der Gaul durchgegangen ist, kann ich mich besser durchsetzen und bewirke mehr. Wenn es so weit kommt, heißt das, dass ich mich vorher um meinen wunden Punkt gekümmert habe. Wo liegt mein wunder Punkt, was bringt mich auf die Palme?

Und was fangen wir mit diesem Wissen an? Mir ist vor allem wichtig, dass es nicht gegen uns selbst oder den Partner verwendet wird. Jeder tut hier sein Bestes! Meist bleibt uns nur die Aggression als ein-

// Wenn wir aufhören miteinander zu reden, hören wir auf uns zu verstehen. Doch wirklich ›verstehen‹ können wir uns gegenseitig nur, wenn wir uns berühren lassen. //

ziges Ventil, um Dampf abzulassen; daran würde ich zunächst einmal nicht rühren. Beobachten Sie lieber, wie Sie agieren, wie Sie reagieren. Ich denke, der erste wichtige Schritt ist, sich überhaupt mit den *eigenen* Aggressionen zu beschäftigen. Ein Gefühl dafür zu entwickeln, wie es einem selbst dabei geht. Wie es auf den anderen wirkt, wenn ich auf meine Art aggressiv bin. Wie der andere auf mich wirkt, wenn er auf seine Weise aggressiv ist. Eine gute Basis, auf der weitere Dialoge stattfinden können, ist gesunder Pragmatismus und zu dem zu stehen, was mich ausmacht. Dazu gehören auch Dinge aus der Vergangenheit, die nicht gut waren. Ziel sollte es sein, sowohl dem Gegenüber als sich selbst zu nutzen.[50]

Der englische Psychiater Murray Cox ließ in Gefängnissen verurteilte Mörder Dramen von Shakespeare, die voller Schmerz und Aggressionen sind, spielen. Was passierte? Die Gewaltverbrecher empfanden beim Ausagieren ihrer Rollen plötzlich eigene Gefühle: Schmerz und Trauer. Ihre Gefühle waren so bedrängend, dass einige versuchten, sich umzubringen. Zum ersten Mal erlebten sie den Schmerz ihrer Opfer und dadurch auch ihren eigenen. Das war der Anfang einer Genesung.

Mit mir nicht!

An sich

Sei dennoch unverzagt, gib dennoch unverloren.
Weich keinem Glücke nicht, steh' höher als der Neid,
vergnüge dich an dir und achte es für kein Leid,
hat sich gleich wider dich Glück, Ort und Zeit verschworen.

Was dich betrübt und labt, halt alles für erkoren.
Nimm dein Verhängnis an, lass alles unbereut.
Tu, was getan muss sein und eh man dir's gebeut …
was du noch hoffen kannst, das wird noch stets geboren!

Was klagt, was lobt man doch? Sein Unglück und sein Glücke
Ist ihm ein jeder selbst. Schau alle Sachen an!
Dies alles ist in dir! Lass deinen eitlen Wahn,

Und eh du förder gehst, so geh in dich zurück.
Der selbst sein Meister ist und sich beherrschen kann,
dem ist die weite Welt und alles untertan.
PAUL FLEMING, DEUTSCHER DICHTER (1609–1640)[51]

Binden und Lösen – und Selbstheilung

In diesem Kapitel soll der Frage nachgegangen werden, wie wir uns aneinander binden, uns lösen und doch verbunden bleiben können. Und was wir tun können, um unsere Gefühle zu heilen.

Lösung, ein Sich-von-etwas-Lösen, ist eine Bewegung auf etwas anderes hin. Streit bindet mich an den anderen. »Solve et coagula« hieß es bekanntlich bei den Alchemisten: »Löse und binde«. Gemeint ist damit das Analysieren, das Trennen von Substanzen oder das Auflösen einer Eigenschaft und das anschließende Zusammenfügen zu einem besseren Ergebnis.

In Partnerschaften entwickeln sich Gewohnheiten und lösen sich wieder auf. Werden sie nicht durch neue Rituale ersetzt, wird die Seelenverbindung, das »Sich wohl miteinander fühlen«, das »Sich als Team fühlen und dadurch unschlagbar sein« geschwächt. Am Ende sieht ein Partner, oder beide, keinen Sinn mehr darin zusammenzubleiben. Denn die Summe dessen, was wir zusammen sein können, ist nicht mehr größer als das, was wir auch allein wären.

In Partnerschaften erleben wir Brüche, die sich offensichtlich nicht vermeiden lassen: Enttäuschungen, Überreaktionen, Beleidigungen, Grenzüberschreitungen. Brüche lassen sich wieder heilen, aber es bleibt eine Narbe in unserer Seele zurück. Dennoch ist es für die Partner wichtig, solche Brüche zu erkennen und zu lernen, mit ihnen umzugehen, damit sie nach eingehender Analyse ihr Verhalten einschätzen können, es vielleicht auflösen und danach zum beiderseitigen Nutzen wieder zusammenfügen können. Das kann man als Reparatur bezeichnen. Einen Bruch zu reparieren, setzt jedoch voraus, dass wir auch unser Verhalten und unsere Gefühle verstehen, die im Moment des Bruchs, des Ablösens, entstanden sind.

Brüche, um die sich niemand kümmert, die nicht versorgt werden, führen bei beiden Partnern zu einem verstärkten Gefühl von Distanz und Abgetrenntsein. Phasen, in denen ein solcher Zustand lange anhält, können bei dem Paar Gefühle von Scham und Demütigung auslösen. Das ist Gift für die Verbundenheit der beiden Partner und ihr Selbstgefühl.

Ist die Verbindung von Herz zu Herz unterbrochen, kommt es zu Gefühlsreaktionen wie »Du verstehst mich gar nicht, ich bin ganz allein«. Ist die Seelenverbindung zu dem geliebten Menschen unterbrochen, fühlen wir uns unsicher, unverbunden, unverstanden. Nehmen Sie die wachsende Distanz wahr? Verwandeln Sie sie in eine andersartige Verbindung. Wie das geht, versuche ich im Folgenden zu beschreiben.

Beziehungsmedizin

Da wir nun als Original geboren werden, wie kommt es doch, dass wir als Kopien sterben?

EDWARD YOUNG,
ENGLISCHER DICHTER
(1683–1765)[52]

Gemeinsame Ziele schweißen zusammen. Sie kennen das bestimmt: Wir rufen gemeinsam eine Initiative ins Leben, gründen eine Firma, bauen ein Haus. Diese Projekte (auch viel kleinere) verbinden uns für eine gewisse Zeitspanne, damit wir ein gemeinsames Ziel erreichen. Ich habe bei mir und oft auch bei Paaren in der Beratung aber erlebt, dass diese Ziele erst dann wirklich zusammenschweißen, wenn beide Partner hundertprozentig dahinterstehen. Dann geht vieles leicht, was sonst in Diskussionen erstickt würde. Damit sind Schwierigkeiten nicht aus der Welt oder aus der Partnerschaft geräumt. Aber der Fokus liegt jetzt auf dem Gemeinsamen. Man hat die Chance, sich auf dem Weg, den man jetzt eine Zeitlang zusammen zurücklegt, so zu verändern, dass das Trennende, das vorher wichtig war, nach dieser Zeit gar nicht mehr so bedeutsam ist.

Auch Rituale schweißen zusammen. Freundschaft, Partnerschaft braucht Rituale. Sie vermitteln und stärken das Gefühl der Zugehörigkeit. Meist entstehen sie nicht gewollt, eher unbewusst, aber immer mit Wohlwollen im Hinblick auf den Partner. Es ist der Gutenachtkuss, ein freundliches »Schlaf gut, mein Schatz«, das gemeinsame Joggen, das gemeinsame Essen, vielleicht das gemeinsame Zeitunglesen im Bett.

Doch Vorsicht, denn es kann auch negative, schädliche Rituale geben! Dann findet ein »Austausch im Schlechten« statt, wenn ich schon vorher weiß, dass ich auf einen Vorschlag meiner Partnerin mit mei-

// Während jene als verrückt gelten, die den Verlust der menschlichen Werte nicht mehr ertragen, wird denen Normalität bescheinigt, die sich von ihren menschlichen Wurzeln getrennt haben. //

ARNO GRUEN[53]

ner bekannten Nörgelei (die mir eigentlich schon selbst auf den Wecker geht) reagieren werde. Und sie auf meine Nörgelei mit ihrer gewohnten Genervtheit. Und so weiter …

Versuchen Sie, diese schwächenden Rituale, die sich eingeschli-
chen haben und keinem mehr gut tun, zu beenden, indem Sie ein
neues, unbelastetes Ritual einführen. Nehmen Sie sich vor: Statt zu
nörgeln, sag ich das nächste Mal zur Abwechslung nichts. Oder ich
sage: »Hm, das hätte ich nicht gedacht, das überrascht mich …«.
Generell sollten Sie eher Gemeinsames statt Trennendes fördern. Gemeinsame Rituale sind das unsichtbare Fundament, auf dem Ihre
Partnerschaft steht. Die Herausforderung, der Sie sich stellen müssen,
ist, Ihr *So-Sein* mit Humor und auch Geduld anzunehmen, sodass Sie
Ihrem Partner – und sich selbst – eher freundlich begegnen können.

Wenn Sie Ihren Gefühlen, die zu dieser Distanz geführt haben, mit
Mitgefühl begegnen, sind anstrengende Auseinandersetzungen mit
Ihrem Partner etwas leichter auszuhalten. Falls Sie in der Auseinandersetzung den aktiven Part spielen, könnten Sie zum Beispiel sagen:
»Ich habe einen Fehler gemacht und mich in der Wahl der Worte ver-
griffen, das tut mir leid, dafür möchte ich mich entschuldigen. Das
führt dazu, dass wir weiter auseinanderdriften, das mag ich nicht. Ich
will dir wieder näher sein, aber auf eine andere Weise als bisher. Wie
das gehen soll, weiß ich noch nicht, aber das können wir beide herausfinden. Auf jeden Fall will ich es!«

Spielen Sie in der Auseinandersetzung hingegen eher den passiven
Teil und setzt Ihr Partner Sie unter Druck oder hat Sie verletzt, könnten Sie sagen: »Das hat mir nicht gut getan, das hat mich verletzt. Auf
diese Weise entferne ich mich immer weiter von dir, das mag ich
nicht. Ich will nicht aufgeben, und nachgeben will ich auch nur, wenn
wir auf Augenhöhe mit Respekt miteinander leben können. Ich will
dir wieder näher sein, aber auf eine andere Weise als bisher. Wie das
gehen soll, können nur wir beide zusammen herausfinden.«

Wenn wir uns immer wieder unsere »Fehler« vorhalten, bleiben wir in unseren eigenen Gefühlen gefangen. Dann schaffen wir den Sprung vom Abgelöstsein zum neuerlichen Verbundensein nicht mehr.

Der Unterschied zwischen Mitleid und Mitgefühl

Ich sehe dich, ich spüre dich: Wir fühlen uns durch Mitschwingen, durch In-Resonanz-Sein mit dem Partner verbunden. Das Gefühl des Verbundenseins, sich in den anderen hineinversetzen können – gleichsam in seiner Haut zu stecken –, dieses Einfühlungsvermögen gelingt uns besonders leicht in Zeiten emotionaler Nähe, großer Verbundenheit und mit Menschen, die uns besonders nah sind, wie Partner und Kinder.

Mitgefühl ist die Fähigkeit, mit jemandem zu fühlen, möglicherweise auf Grund unserer Spiegelneurone, mit deren Hilfe wir uns in einen Zustand bringen, der denjenigen einer anderen Person widerspiegelt. Mitgefühl bedeutet: Ich sehe dich und fühle mit dir, aber ich wahre so viel Distanz, dass es dir hilft. Ich bin hilfsbereit, löse mich aber nicht in deinem Leid auf. Wenn ich mitleide, werde ich meistens ein Teil deiner Hilflosigkeit. Ich gehe mit dir unter, statt dich an Land zu ziehen.

Seelische Schmerzen, wie Ängste, erleben die allermeisten Menschen von Jugend an. Und viele verheimlichen und verleugnen diese Ängste, um nicht als schwach eingestuft zu werden, denn sie befürchten, dass diese Schwäche ausgenutzt wird. Aber wer den eigenen Schmerz empfindet, entwickelt leichter Mitgefühl, ohne deswegen Schwäche zu zeigen.

Wir werden mit Mitgefühl geboren. Dazu wurden Videos mit

dreimonatigen Babys gedreht, die vor einem Kinderpuppentheater sitzen. Auf der Bühne steht eine Schachtel, die ein Plüschtiger öffnen möchte. Doch er schafft es nicht allein. Ein Plüschbär (im *gelben* T-Shirt) sitzt daneben und hilft ihm dabei. Der Vorhang fällt und öffnet sich wieder. Diesmal sitzt ein anderer Plüschbär da (im *blauen* T-Shirt). Er hindert den Plüschtiger daran, die Schachtel zu öffnen, indem er sie zuhält. Der Vorhang fällt. Nun werden den Babys beide Plüschbären angeboten, der mit dem gelben und der mit dem blauen T-Shirt. Alle greifen zum hilfsbereiten Bären mit dem gelben T-Shirt![54]

Vielleicht gerade, weil Mitgefühl angeboren ist, brauchen wir es so dringend. Mitleid wirkt in Paarbeziehungen wie ein Almosen. Das will keiner. Was wir brauchen, ist Mitgefühl, jemanden wichtigen, nahen, den Partner, die Partnerin die zuhört, einfach nur da ist. Uns spürt, wenn wir uns nicht mehr spüren.

Erwachsen werden

In Beratungen erlebe ich immer wieder, dass Mütter mit kleinen Kindern die Fantasie entwickeln, ihr Mann liebe sie nicht mehr. In fast allen Fällen beruht diese Täuschung darauf, dass der Veränderungsschock, zu dem es durch ein neugeborenes Kind kommt, völlig unterschätzt wird. Ich will noch weiter gehen: Ein Kind verändert die Paarbeziehung im Sinne von Wandel, ich würde sogar sagen: im Sinne von Initiation. Diese Initiation geschieht im Hinblick aufs Erwachsenwerden. Und genau das passiert mit uns, wenn wir Kinder bekommen: Wir werden erwachsen.

Das hört sich einfach an, ist es aber nicht. Speziell Männer wehren sich oft vehement gegen diesen Schritt. Sie sind oft hin und her gerissen zwischen Freude und der Angst, ihre Komfortzone verlassen zu müssen. Das stimmt auch, doch wenn sie auch vieles verlieren, gewinnen und lernen sie doch auch sehr viel! Die echten Probleme entstehen, wenn wir uns gegen dieses Erwachsenwerden wehren, es verhindern, hinauszögern wollen. Wenn wir am liebsten die Zeit zurückdrehen oder gar anhalten wollen. Initiation bedeutet: Ich bin für immer verändert, es geschieht etwas mit mir, das ich nicht verhindern kann. Die Bedingungen werden von außen vorgegeben, und es bleiben Narben von den Wünschen übrig, die dann nicht mehr, oder nur noch schwierig zu realisieren sind. Initiation bedeutet: Wir müssen darüber trauern, was wir nicht mehr haben können. Zum Beispiel zweimal die Woche bis in die Puppen zu feiern und zumindest gefühlt in völliger Unabhängigkeit zu leben. Wir spüren Verantwortung, vielleicht mehr, als uns lieb ist.

Andererseits dürfen wir uns freuen, was wir dazubekommen haben. Ein neues Leben ist durch uns entstanden. Viele junge Elternpaare sehen im Moment nur die Lasten und können sich gar nicht vorstellen, dass es einmal wunderbar sein wird, ihre eigenen Kinder ins Leben gehen zu sehen. Zu sehen, wie erfrischend es für Eltern sein kann, wenn die eigenen Kinder das tun, was sie wollen, und so glücklich sind.

Was nützt es, alles über den Job zu wissen, aber nichts über sich selbst? Viele der Manager, mit denen ich in den letzten zwanzig Jahren gearbeitet habe, sagen, die guten Schulabschlüsse, die gut dotierten Jobs hätten sie sich immer weiter entfremdet: »Zuerst habe ich für meine Lehrerin gelernt, dann für meine Eltern, später für den Status, jedoch nie für mich – das hat mich immer weiter von mir entfernt.« – »Ein Jahr mit meinem Kind hat mich geerdet, hat mir gezeigt, was wirklich wichtig ist für mich, für uns.« – »Ich habe bemerkt, dass ich aufs Geld gesetzt hatte, dabei hätte ich mehr auf gute Beziehungen achten sollen.« – »Die Fixierung auf den Job hat meine Familie nicht blühen lassen. Und als sie endlich blühte, war ich nicht mehr dabei, das tut noch heute weh.« – »Aus meiner steilen Karriere ist eine Identitätskrise geworden, das hatte ich nicht erwartet.« Ja, es ist sehr erfrischend, Erfolg zu haben, Zuspruch zu bekommen, sich wertvoll zu fühlen. Aber das kann auch süchtig machen und zum Selbstzweck werden.

Wo lernen wir, eigene Ziele statt fremder Vorgaben zu verfolgen? Was ist unser persönlicher Beitrag zum Gelingen in dieser Welt? Was ist meine unverwechselbare Leistung, die nur aus mir heraus geschaffen werden kann? Diesen Beitrag zu finden oder sich ihm zu nähern, halte ich für eine der größten Kraftquellen, mit der sich ein Mensch verbinden kann: sein unverwechselbares Inneres nach außen zu bringen. Dann ist Arbeit nicht mehr Arbeit, sondern tägliche Freude. Wenn jedoch von hundert Berufstätigen achtzig Dienst nach Vorschrift leisten oder gar innerlich gekündigt haben und nur zwanzig mit Herzblut am Werk sind, spricht das für ein weit verbreitetes Unbehagen in der auf Wachstum, Rationalisierung und Spezialisierung ausgerichteten Arbeitswelt.[55] Und immer noch gilt: Wer will, findet passende Wege für sich. Wer nicht will, findet Gründe, warum es überhaupt nicht möglich sein kann. Übertragen auf die Paarbeziehungen bedeutet das, Sie können die Veränderungen schaffen, die Sie für möglich halten. Auch wenn Sie im Moment keine Ahnung haben, wie das konkret erreicht werden kann, gehen Sie es zusammen an. Vertrauen Sie darauf, dass sich Wege auftun, die Sie heute noch nicht sehen können. Dieser Weg entsteht beim Gehen!

Trennung –
und dann?

Der Untertitel dieses Buches lautet »Wie Paare Konflikte in Liebe lösen«. Das verspricht Dauerhaftigkeit. Aber was tun, wenn einer nicht mehr weitermachen will? Woran erkennen wir, dass es vorbei ist? Trennung in Liebe – wie geht das? Alte Bindungen bleiben und wirken. Vorherige Beziehungen wirken sich auf unsere heutige Paarbeziehung aus. Besonders wenn sie ein starkes Gewicht hatten, es zum Beispiel gemeinsame Kinder gibt, eine gemeinsame Firma oder gemeinsame Immobilien. Oft genug ergeben sich daraus Streitigkeiten, die unsere heutige Partnerschaft beeinflussen.

Beziehungen zwischen Menschen sind erfolgreich so, wie sie sind, und nicht so, wie wir sie gerne hätten. Oder wie wir meinen, dass sie sein sollten. Jede Beziehung ist eine Verbindung auf Zeit. Besonders der Paarbeziehung tut dieser Hinweis auf Vergänglichkeit gut. Unser Wunschdenken hinsichtlich der Dauer einer Beziehung setzt uns sehr unter Druck, wenn eine Beziehung zu Ende geht.

Berater, Therapeuten, Mediatoren und Rechtsanwälte wissen, dass die, die zu ihnen kommen, meinen, keine Wahl zu haben. Sie haben sich oft im anderen verrannt. Manchmal so sehr, dass sie nicht mehr ein noch aus wissen. Ohnmächtig vor Leid. Ohnmächtig vor Schmerz und Schuld.

> Was einer ist, was einer war, beim Scheiden wird es offenbar.
>
> HANS CAROSSA, ARZT UND LYRIKER (1878–1956)[56]

Beziehungen sind Verbindungen auf Zeit

Beziehungen gelingen, wenn die Partner Veränderungen zulassen. Aber weder Starrheit noch Veränderungswille sind eine Garantie für den Bestand der Partnerschaft. So hat jede Beziehung oder Ehe ihre Zeit. Und manche Beziehungen haben nach einiger Zeit ihr Ende erreicht. Diese Zeit kann ein ganzes Leben umfassen oder nur zwei oder zehn Jahre; wer will urteilen, was besser oder schlechter ist?

// Ich habe mich von dem Mann getrennt,
der ich nicht war. //

Manche versuchen, den anderen daran zu hindern, dass er oder sie geht. Sie meinen, mit Zwang oder Druck Gemeinsamkeit erzwingen zu können. Doch das kann nicht funktionieren.

Es ist an der Zeit, einen anderen Umgang mit Trennung zu erlernen. In der heutigen Zeit haben wir etwa siebzig Jahre vor uns, in denen wir in Partnerschaften leben können. Die Idealisierung der einzigen Ehe oder Partnerschaft treibt da viele in eine aussichtslose Situation.

Alte Bindungen – Verbindungen zu früheren Partnern, mit denen uns Tiefes verbindet oder mit denen wir Kinder haben – wirken auch dann, wenn sie uns nicht bewusst sind. Solche unbewussten Verbindungen bestehen zum Beispiel auch zu Eltern und Vorfahren, an deren Stelle wir handeln und die wir in unseren Reaktionen vertreten. Wenn wir uns diese Nachwirkungen aus der Herkunftsfamilie genauer anschauen, stellen wir manchmal fest, dass wir als Paar nur eine geringe Chance hatten, etwas anders zu machen.

Ich bin nicht bereit, mich damit abzufinden, dass Beziehungen oft in Katastrophen oder im »Nichts« enden müssen. Wir selbst, unsere Partner und unsere Kinder zählen mehr als jede Form (verheiratet, geschieden, ledig)! Die allermeisten Paare oder Einzelpersonen, mit denen ich bisher gesprochen habe, wollen keine Rache, keinen totalen Bruch oder gerichtliche Auseinandersetzungen. Wenn sich der Zug der gerichtlichen Auseinandersetzung in Bewegung setzt, scheint er unaufhaltsam zu sein. Hier früh genug zu unterbrechen und zu fragen: Was mach ich hier eigentlich?, ist ein Ziel, das ich auch in meinem Buch *Trennung in Liebe* näher beschreibe.

Es braucht Ihre Bereitschaft zur Veränderung

Es gibt Hoffnung. Für jeden und jede Beziehung. Alle Antworten, Forschungsergebnisse sind da. Es ist bekannt, was fehlt oder zu viel ist, wenn Paare sich nicht mehr verstehen. Das Einzige, was gebraucht wird, sind Ihre Fragen. Ihre Bereitschaft, etwas zu verändern. Diese Veränderung schließt alle ein. Alle Methoden, alle Glaubensrichtungen, alle Menschen! Was uns stärkt, ist willkommen.

Was wir nicht brauchen, ist Schwächendes – Rechthaberei, auf dem beharren, was bisher viel Leid brachte. Dies zu beobachten und danach für sich die passenden Schlüsse zu ziehen – statt Schuld zuzuweisen –, ist nicht immer leicht und braucht Zeit zur Eigenreflexion, Zeit zu wachsen. Allerdings ist es sicherlich ein Weg ans Licht!

Oft haben Paare, ohne es zu bemerken, etwas Wichtiges verloren. Meist wird dann über Äußerliches gestritten, wo es doch um Inneres geht. Aber jedem kann es gelingen, das zu ändern. Dabei kann man selbst eben nur die fünfzig Prozent einbringen, die in einer Partnerschaft möglich sind; die andere Hälfte bringt der Partner ein, auf seine persönliche Art und Weise. Dazu können wir uns dann entsprechend verhalten in dem Wissen, dass jeder immer sein Bestes tut.

Mir geht es um brauchbare und lebbare Lösungsansätze. Jedes Paar, jeder einzelne Mensch ist einzigartig, und jeder Mensch trägt selbst die besten Ideen zur Lösung in sich. Was für Sie Gültigkeit besitzt, entscheiden Sie selbst. Was für Sie beide gültig werden soll, handeln Sie miteinander aus.

Auf die Frage, ob ich noch an die große Liebe glaube, habe ich in einem Interview einmal geantwortet: »Ja, schon, aber nur die ersten sechs Monate.« Wenn wir danach aus unserer Liebe eine große Liebe machen können, war es viel gemeinsame Arbeit, viel Eigenreflexion und Glück! Glück, weil wir unsere Beziehungen nicht »machen« können. Sie entwickeln sich aus dir und mir und dem, was wir beide mitbringen. Doch das ist noch nicht alles. Immer gibt es in unserem Zusammenleben eine Magie, etwas Unkalkulierbares, etwas, das wir nicht in den Griff bekommen können. Das meine ich mit Glück. Dieses Glück wünsche ich Ihnen in Ihrer Beziehung. Wenn es sich aber nicht ergibt, dann ist es Zeit, mit klarem Kopf anzuschauen, was ist.

Für manche wäre es am besten, endlich aufzuhören, statt sich das Leben gegenseitig immer weiter zu »versauen«. Ich sage das bewusst so drastisch, weil es für mich manchmal kaum auszuhalten ist, wie sehr manche Paare im Streit verbunden bleiben wollen, statt anzuerkennen, dass das »nichts mehr mit uns wird«.

Bei einer Trennung laufen häufig folgende Reaktionsmuster ab:
a. Das Nicht-Wahrhaben-Wollen: Es trennen sich doch immer nur die anderen
b. Aufbrechende Gefühle, Zorn, warum gerade ich? Gefühle, die Sie steuern können, in Richtung Frieden oder Krieg
c. Die Neuorientierung, das Akzeptieren dessen, was ist
d. Die Zustimmung, das neue Lebenskonzept, jetzt gehe ich in mein neues Leben

Trennung ist wie ein kleiner Tod

Wenn zwei sich streiten, leiden manchmal drei oder vier, nämlich dann, wenn das Paar Kinder hat. Ich habe erlebt, dass die Trennung wie eine Miniaturausgabe der vorausgegangenen Beziehung ist. Das heißt, wenn die Beziehung eher friedlich war, gelingt meist auch eine friedliche Trennung. Gab es davor wenig Vertrauen, wird es in der Trennungsphase nicht mehr entstehen. Gab es immer wieder tiefe Verbundenheit zwischen beiden Erwachsenen, dann können beide (trotz Verletzungen) einen gemeinsamen Weg durch die Trennung finden und später sogar eine Freundschaft daraus werden lassen. Dabei ist es entscheidend, inwieweit die Partner – gemeinsam – die Führung dieses Trennungsprozesses übernehmen. Lassen Sie sich nicht von Freunden, Eltern, Geschwistern beeinflussen. Die haben meistens Eigeninteressen und keine Ahnung, wie eine *Trennung in Liebe* gelingen könnte. *Trennung in Liebe* gelingt, wenn Sie nach dem Prinzip handeln können: Wir (du und ich) tun nichts, was dir, mir oder unseren Kindern schadet.

Untreue ist der häufigste Scheidungsgrund. Eine Außenbeziehung wird dann interessant, wenn ich in meiner aktuellen Beziehung nicht mehr genug von dem bekomme, was ich brauche. Dahinter liegt, fast immer, eine größere, tiefer gehende Unzufriedenheit. Nämlich darüber, nicht mehr miteinander wachsen zu können, keine Freude mehr miteinander zu haben. Erst dann wird die Sekretärin, der Kollege interessant. Erst dann versuchen wir, unseren Durst nach Leben über Sexualität zu löschen. Oft genug erleben wir in der nächsten Bezie-

hung sehr ähnliche Schwierigkeiten, weil sich an unserer eigenen Haltung nicht viel geändert hat; nur die Spieler wurden ausgetauscht, das Spiel ist gleich.

Trennung ist der vermeintliche Schlussakkord in Beziehungen. Für viele ist dies eher ein Dämon als eine Möglichkeit. Besser nicht hinschauen. Von einem Rechtsanwalt habe ich den Spruch gehört: »Wenn ein Ehevertrag gemacht wird, ist das Ende nicht mehr weit.« Ich halte das für kuriosen Blödsinn. Für mich klingt das wie die panische Angst vor dem eigenen Tod. Er wird so lange ausgeblendet, bis er uns erschreckend vor Augen steht.

Trennung erleben viele wie einen »kleinen« Tod. Da ist, zumindest für einen der Partner, etwas zu Ende gegangen, aber noch nicht endgültig. Doch in der »alten« Form ist es nicht mehr überlebensfähig. Ja, es braucht eine neue Form, ein neues Leben, neue Energie, neue Hoffnung, eine neue Vision, neue Kraft und den wiedererstarkten Willen: »Ich will leben und ich will lieben!«

Ich schreibe über das Thema Tod, weil es den Ernst der Lage verdeutlicht. Die Kraft zu einer echten Veränderung haben wir erst, wenn es wirklich ernst wird. Wenn wir uns entschieden haben: So kann es nicht mehr weitergehen, jetzt oder nie! Erst dann gelingt uns die grundlegende Wende hin zu einem Leben, das besser mit uns in Einklang steht. Das besser zu dem Menschen passt, der wir heute (geworden) sind.

Ich selbst habe zusammen mit meiner ersten Frau und meiner jetzigen Frau, mit der ich seit achtzehn Jahren zusammen bin, sehr deutlich erlebt, was es bedeutet, sich in Frieden zu trennen. Unsere freundliche Trennung im Jahr 1996 wäre nie möglich gewesen, wenn eine/r der drei Erwachsenen sich eher am Krieg als am Frieden orientiert hätte. Das war kein Geschenk des Himmels, sondern für jede/n harte Arbeit an sich selbst. Es gab genug Verlockungen, sich hinreißen zu lassen, sich zu rächen, durchzudrehen, auszurasten, sich ganz zurückzuziehen, den/die anderen falsch zu machen. Es gab Gründe genug, draufzuhauen, sich beleidigt zu zeigen, eingeschnappt zu sein. All das konnten wir bei uns, in uns lassen. Wir haben es nicht oder nur sehr selten auf das Gegenüber projiziert. Damit konnten wir wachsen. Dafür danke ich auch heute noch allen Beteiligten, besonders den Kindern, die in dieser Zeit so manche Turbulenzen mitgemacht haben.

Die Ehe ist eine Veranstaltung gegen den Tod. Neues Leben zu schaffen und einander Weggefährten zu sein, das ist ihr Ziel. Die wahren Feinde des Lebens und der Liebe sind der Tod, das Altern und die Zeit. Deshalb sind Streit, Verzweiflung und Einsamkeit nicht die Feinde der Ehe, sondern nur Wegweiser, eine Anleitung, sich besser um sich selbst zu kümmern.

Schlusswort und Dank

Vielleicht stellen Sie sich (und mir) abschließend die Frage: Wie sieht eine schnelle Lösung aus? Was hilft unmittelbar, was kann ich tun, ohne lang in meine Tiefen abzutauchen? Meine Antwort: Fragen Sie sich, ob das, was Sie tun und vorhaben und was andere tun, Sie selbst stärkt oder schwächt. Wenn es Sie (und die anderen) stärkt, machen Sie weiter, wenn nicht, ändern Sie etwas.

Ich danke der Lektorin Claudia Bitz vom Kösel-Verlag für ihre Anmerkungen, die meine Gedanken so gut miteinander verbunden haben. Weiter danke ich Teilnehmern und Teilnehmerinnen meiner Seminare und den Menschen, die zu mir in Beratung kamen und kommen, für ihr großes Vertrauen und ihre Offenheit. Ohne Sie wäre dieses Buch nicht möglich.

Textnachweis

1. Erich Fromm: *Die Kunst des Liebens*, Berlin (© Ullstein Taschenbuch in der Ullstein Buchverlage GmbH) 1993, S. 31

2. Hans-Jürgen Quadbeck-Seeger: *Der Wechsel allein ist das Beständige*, Weinheim (© Wiley-VCH Verlag GmbH & Co KG) 2002. Mit freundlicher Genehmigung

3. Khalil Gibran: *Der Prophet,* übersetzt von Karin Graf, Ostfildern (© Patmos Verlag der Schwabenverlag AG) 2010

4. Dieses Zitat wird allgemein George Bernard Shaw zugeschrieben.

5. Elisabeth Lukas: *Der Seele Heimat ist der Sinn. Logotherapie in Gleichnissen von Viktor E. Frankl*, München (Kösel-Verlag) 2005

6. Zitiert aus Larissa Trüby: *Glücksformeln. Was macht Lebensfreude aus?,* Dokumentarfilm Deutschland 2010/2011

7. Zitiert nach der Sendung »Auslaufmodell Ehe?« im NDR am Montag, 8. Dezember 2014

8. Zitiert aus Larissa Trüby: *Glücksformeln. Was macht Lebensfreude aus?,* Dokumentarfilm Deutschland 2010/2011

9. Zitiert nach einem Vortrag von Arno Gruen: »Die Konsequenzen des Gehorsams für die Entwicklung von Identität und Kreativität«, im Rahmen der 52. Lindauer Psychotherapiewochen 2002, eigene Mitschrift

10. Maturana, Humberto R. / Varela, Francisco J.: *Der Baum der Erkenntnis. Die biologischen Wurzeln des menschlichen Erkennens*, aus dem Spanischen von Kurt Ludewig, Frankfurt a. M. (© Scherz Verlag, Bern 1987. Alle Rechte vorbehalten S. Fischer Verlag GmbH) 2009

11. Arno Gruen: *Wider den Terrorismus*, Stuttgart (Klett-Cotta) 2015, S. 67

12. Ursula Buchfellner: *Lange war ich unsichtbar: Wie Versöhnung mein Leben rettete*, München (Kailash Verlag) 2015

13. Zitiert nach dem Nachruf auf Vaclav Havel von Arno Widmann: »Ein Held, der das Leben liebte« in: *Frankfurter Rundschau* 18.12.2011

14. Zitiert nach Markus M. Ronner: *Die treffende Pointe*, Bern (Ott Verlag und Druckerei) 1991, S. 190

15. Johann Wolfgang Goethe: *Torquato Tasso* II.1

16. Arno Gruen in einem Interview in Katharina Pethke: *Die Natur des Bösen,* Dokumentarfilm Deutschland (im Auftrag von ZDF / 3Sat) 2012

17. Aus Bundeszentrale für politische Bildung bpb: *Zahlen und Fakten Europa. Eheschließungen und Scheidungen*, Stand 26.7.2015

18. Aus einem Interview im *In-Beat Magazine* vom Mai 1965

19. Maturana, Humberto R. / Varela, Francisco J.: *Der Baum der Erkenntnis. Die biologischen Wurzeln des menschlichen Erkennens*, aus dem Spanischen von Kurt Ludewig,

Frankfurt a. M. (© Scherz Verlag, Bern 1987. Alle Rechte vorbehalten S. Fischer Verlag GmbH) 2009

20. Irvin D. Yalom: *Die Schopenhauer-Kur*, München (btb Verlag) 2005, S. 292

21. Irvin D. Yalom: *Denn alles ist vergänglich: Geschichten aus der Psychotherapie*, München (btb Verlag) 2015, S. 163

22. Dieses Zitat wird allgemein Moshé Feldenkrais zugeschrieben.

23. Aus der *Staats- und gelehrte Zeitung des Hamburgischen unpartheyischen Correspondenten* vom 30.11.1764

24. Paulo Coelho: *Die Schriften von Accra*, Zürich (Diogenes) 2013, S. 33

25. Dieses Zitat wird allgemein Oscar Wilde zugeschrieben.

26. Zitat aus einem Seminar im Februar 2007 in München

27. Erich Fromm: *Vom Haben zum Sein. Wege und Irrwege der Selbsterfahrung*, Berlin (© Ullstein Taschenbuch in der Ullstein Buchverlag GmbH) 2005

28. Alexa Feser: »Das Gold von Morgen«, Musik und Text: Alexa Feser (CA) / Steve van Velvet (CA), © 2014 Dolce Rita Music & Publishing, Rita Fluegge Timm und Hanseatic Musikverlag GmbH & Co. KG. Mit freundlicher Genehmigung von Hanseatic Musikverlag GmbH & Co. KG – a Warner / Chappel Music Company

29. Heribert Prantl: »Alt. Aus. Amen«, in: *Süddeutsche Zeitung* 07.04 212

30. Sören Kierkegaard: *Die Krankheit zum Tode*, Hamburg (Europäische Verlagsanstalt) 4. Auflage 2002, S. 13

31. Arno Gruen: *Der Fremde in uns*, Stuttgart (Klett-Cotta) 2000, S. 39

32. Lewis Carroll, *Alice hinter den Spiegeln*, Frankfurt a.M. (Insel) 1998

33. Zitiert nach Andreas Lorenz: »Choreograf der Olympia-Eröffnung: Chinesischer Starregisseur spottet über westliche Kultur« in: *Spiegel Online Panorama* 21.08.2008

34. Gebrüder Grimm: »Das eigensinnige Kind«, KHM 117, in: *Kinder- und Hausmärchen. Band 2*, Göttingen (Dieterich) 1857, S. 155]

35. Wolfgang Petersen: *Troja*, USA 2004

36. Vgl. dazu Christian Pfeiffer: »Was Strafjustiz mit Kindererziehung zu tun hat« in: *Süddeutsche Zeitung* 11.8.2015

37. Vgl. hierzu Carl R. Rogers: *Der neue Mensch*, Stuttgart (Klett Cotta) 2015

38. Irvin D. Yalom: *Die Schopenhauer-Kur*, München (btb Verlag) 2007, S. 18

39. Duluth Model Minnesota, USA. Mit freundlicher Genehmigung. Sie können die Kreis-Grafik auch herunterladen von www.bimw.de, Paare im Wandel/Downloads

40. Ulrich Clement in der NDR Talk Show am 21.08.2015

41. Theodor W. Adorno: *Minima Moralia. Reflexionen aus dem beschädigten Leben. Gesammelte Schriften Bd. 4*, Frankfurt a.M. (© Suhrkamp Verlag) 1951, Nr. 72, S. 152

Textnachweis

42. Astrid Lindgren: »Niemals Gewalt« in: *Astrid Lindgren 1978. Ansprachen anlässlich der Verleihung des Friedenspreises des Deutschen Buchhandels,* Hamburg (© Verlag Friedrich Oetinger) 1978

43. Joachim Bauer: *Schmerzgrenze. Vom Ursprung alltäglicher und globaler Gewalt*, München (Karl Blessing Verlag) 2011, S. 61

44. Arno Gruen in einem Interview im SWR 2 am 15.08.2008

45. Dieses Zitat wird allgemein Hermann Hesse zugeschrieben.

46. Hans-Otto Thomashoff: *Versuchung des Bösen. So entkommen wir der Aggressionsspirale*, München (Kösel Verlag) 2009

47. Carl Rogers in einem Vortrag, eigene Mitschrift

48. Zitiert nach Michaela Huber, Trauma im Kindesalter und die Folgen, www.michaela-huber. com/files/vortraege2015/trauma-im-kindesalter-und-die-folgen.pdf

49. Roger Fisher / William Ury / Bruce Patton: *Das Harvard-Konzept. Die unschlagbare Methode für beste Verhandlungsergebnisse*, Frankfurt a.M. / New York (Campus Verlag) 2000, S. 41ff.

50. Weiterführende Gedanken zu diesem Thema finden Sie in Jesper Juuls Buch und Hörbuch: *Aggression. Warum sie für uns und unsere Kinder notwendig ist*, Frankfurt a.M. (Fischer) 2014. Das familylab bietet zudem entsprechende Workshops an.

51. Paul Fleming: »An sich« in: Theodor Echtermeyer / Benno von Wiese (Hrsg.): *Deutsche Gedichte. Von den Anfängen bis zur Gegenwart*, Düsseldorf (Bagel) 1956

52. Edward Young: »We are all born originals – why is it so many of us die copies?«, nach Edward Young: *Gedanken über die Original-Werke*, Heidelberg (Schneider) 1977, S. 40

53. Zitiert nach dem Interview von Barbara Lukesch: »Wahnsinn der Normalität« auf www.lukesch.ch

54. Die Forschungsarbeiten zum Thema an der Yale-Universität werden unter anderem dokumentiert in Erwin Wagenhofer: *alphabet*, Dokumentarfilm Österreich 2013

55. Zahlen vom Gallup Institut Mitarbeitermotivation 2001–2013 und 2014

56. Hans Carossa: *Sämtliche Werke*, Frankfurt a. M. (Insel) 1962, S. 59

Bildnachweis

- Fotolia: 54 (WavebreakMediaMicro), 114 (goodluz)
- iStockphoto: 10, 21, 49, 149 (laflor)
- Shutterstock: 69 (Image Point Fr)
- Mauritius Images: 2, 39 (Fancy / Corbis), 41, 63, 150 (Westend61), 59, 94, 146 (Onoky), 86 (Mito Images / Dreet Production), 193 (Micheko Productions / BreBa)
- Royalty Free: 6, 13, 15, 18/19, 24, 29, 30, 44/45, 56/57, 66, 70, 74/75, 83, 98, 100, 103, 107, 111, 117, 120, 127, 130, 144, 164/165, 167, 169, 177, 178/179, 186 (Mauritius Images / Onoky), 33, 43, 91, 97, 104/105, 122/123, 134, 155, 162, 183 (Fancy), 64, 72/73, 132/133, 137, 140/141, 143, 171, 190/191, 197, 198 (PhotoAlto / ZenShui), 159 (BananaStock)

Weiterführende Literatur

Aurel, Marc: *Selbstbetrachtungen*, Wiesbaden (Marixverlag) 2014

Aurel, Marc: *Wege zu sich selbst*, Wiesbaden / Hamburg (Nikol-Verlag) 2015

Baer, Udo / Frick-Baer, Gabriele: *Das ABC der Gefühle*, Weinheim (Beltz-Verlag) 2013

Bauer, Joachim: *Schmerzgrenze. Vom Ursprung alltäglicher und globaler Gewalt*, München
   (Karl Blessing Verlag) 2011

Bauer, Joachim: *Arbeit. Warum unser Glück von ihr abhängt und wie sie uns krank macht*,
   München (Karl Blessing Verlag) 2013

Boetié, Étienne de la: *Von der freiwilligen Knechtschaft*, Frankfurt (Trotzdem Verlagsgenossen-
   schaft) 2009

Brisch, Karl Heinz: *Bindungsstörungen. Von der Bindungstheorie zur Therapie*, Stuttgart
   (Klett-Cotta) 2006

Brisch, Karl Heinz / Hellbrügge, Theodor (Hrsg): *Bindung und Trauma. Risiken und Schutzfaktoren
   für die Entwicklung von Kindern*, Stuttgart (Klett-Cotta) 2006

Butler, Samuel: *Der Weg allen Fleisches*, München (dtv) 1991

Thomas, Claude AnShin: *Krieg beenden – Frieden leben. Ein Soldat überwindet Hass und Gewalt*,
   Berlin (Theseus) 2003

Clement, Ulrich: *Guter Sex trotz Liebe. Wege aus der verkehrsberuhigten Zone*, Berlin (Ullstein)
   2006

Dolto, Françoise / Dolto-Tolitch, Catherine: *Von den Schwierigkeiten, erwachsen zu werden*,
   Stuttgart (Klett-Cotta) 1992

Felser, Georg: *Inkonsistenzen zwischen Selbstbild und der Wahrnehmung durch den Partner.
   Bedingungen der interpersonellen Wahrnehmung und ihr Zusammenhang mit der Partner-
   schaftsqualität*, Lengerich (Pabst Science Publishers) 2000

Fischer, Roger / Ury, William / Patton Bruce: *Das Harvard-Konzept. Die unschlagbare Methode für
   beste Verhandlungsergebnisse*, Frankfurt (Campus-Verlag) 2015

Frey, Dieter / Schmalzried, Lisa: *Philosophie der Führung. Gute Führung lernen von Kant,
   Aristoteles, Popper & Co.*, Berlin (Springer-Verlag) 2013

Fromm, Erich (bearbeitet von Rainer Funk): *Haben oder Sein. Die seelischen Grundlagen einer
   neuen Gesellschaft*, München (dtv) 2005

Fromm, Erich / Rainer Funk (Hrsg): *Vom Haben zum Sein – Wege und Irrwege der Selbsterfahrung*,
   Berlin (Ullstein) 2005

Fromm, Erich: *Die Kunst des Liebens*, München (Manesse Verlag) 2016

Gibran, Khalil: *Der Prophet*, Ostfildern (Patmos) 2012

Gruen, Arno: *Der Verrat am Selbst. Die Angst vor Autonomie bei Mann und Frau*, München (dtv)
   1986

Gruen, Arno: *Der Verlust des Mitgefühls. Über die Politik der Gleichgültigkeit*, München (dtv) 1997

Juul, Jesper: *Was Familien trägt. Werte in Erziehung und Partnerschaft*, München (Kösel-Verlag) 2006

Kaslow, Florence W.: *Handbook of Relational Diagnosis and Dysfunctional Family Patterns*, New York (Wiley Interscience) 1996

Kierkegaard, Sören: *Die Krankheit zum Tode*, Stuttgart (Reclam) 1997

Korczak, Janusz: *Wie man ein Kind lieben soll*, Göttingen (Vandenhoeck & Ruprecht) 2008

Kerr, Michael E. / Bowen, Murray: *Family Evaluation. An Approach based on Bowen Theory*, New York (Norton) 1988 / eBook 2014

Laloux, Frederic: *Reinventing Organizations. Ein Leitfaden zur Gestaltung sinnstiftender Formen der Zusammenarbeit*, München (Vahlen) 2015

Lukrez (übertragen und kommentiert von Klaus Binder): *Über die Natur der Dinge,* Berlin (Galiani Verlag) 2014

Madelung, Eva: *Trotz und Treue – Zweierlei Wirklichkeit in Familien*, Heidelberg (Carl-Auer-Systeme Verlag) 1998

Montaigne, Michel de: *Essais*, Frankfurt a.M. (Insel-Verlag) 2001

Peck, M. Scott: *Der wunderbare Weg. Eine neue spirituelle Psychologie*, München (Goldmann) 2004

Pörksen, Bernhard: *Abschied vom Absoluten. Gespräche zum Konstruktivismus*, Heidelberg (Carl-Auer-Systeme Verlag) 2001

Rich Harris, Judith: *Ist Erziehung sinnlos? Die Ohnmacht der Eltern*, Reinbek (Rowohlt) 2000

Ruppert, Franz: *Symbiose und Autonomie. Symbiosetrauma und Liebe jenseits von Verstrickungen*, Stuttgart (Klett-Cotta) 2012

Schnarch, David: *Die Psychologie sexueller Leidenschaft*, München (Piper) 2009

Scharmer, C. Otto / Käufer, Katrin: *Von der Zukunft her führen. Von der Egosystem- zur Ökosystem-Wirtschaft. Theorie U in der Praxis*, Heidelberg (Carl-Auer-Systeme Verlag) 2013

Thomashoff, Hans-Otto: *Versuchung des Bösen. So entkommen wir der Aggressionsspirale*, München (Kösel-Verlag) 2009

Toman, Walter: *Familienkonstellationen. Ihr Einfluss auf den Menschen*, München (C.H.Beck) 2005

Voelchert, Mathias: *Trennung in Liebe … damit Freundschaft bleibt*, München (Kösel-Verlag), 2006

Voelchert, Mathias: *Chancen verlieben sich. Wie Partner sich immer wieder neu entdecken können*, München (edition+plus) 2008 / 2014

Voelchert, Mathias / Kästle, Andrea: *Ich geh aber nicht mit zum Wandern!,* München (Kösel-Verlag) 2015

Werner, Emmy E. / Smith, Ruth S.: *Journeys from Childhood to Midlife. Risk, Resilience and Recovery*, Cornell (Cornell University Press) 2001

Willi, Jürg / Limacher Bernhard: *Wenn die Liebe schwindet. Möglichkeiten und Grenzen der Paartherapie,* Stuttgart (Klett-Cotta) 2005

Yalom, Irvin D.: *Im Hier und Jetzt. Richtlinien der Gruppenpsychotherapie*, München (btb Verlag) 2005

Yalom, Irvin D.: *Existentielle Psychotherapie*, Bergisch Gladbach (EHP) 2010

Yalom, Irvin D.: *Die Schopenhauer-Kur*, München (btb Verlag) 2006

Yalom, Irvin D.: *Und Nietzsche weinte*, München (btb Verlag) 2008